" 공부습관 확실히 잡아 주는 공습 "

···· 공부습관을 잡으면 **성적과 학습능력**은 저절로 올라간다!
자기 분야에서 눈에 띄는 성과를 이루어 낸 많은 사람들은 한 목소리로 좋은 습관이 성공의 열쇠였다고
말합니다. 공부도 마찬가지입니다. 자신의 페이스를 꾸준히 유지하며 공부하는 습관을 들인다면 학습능
력과 성적은 저절로 따라 올라갑니다.

···· **올바른 공부습관**이 없다면 학습능력은 사상누각!
본격적인 학교 공부를 시작하는 시기인 초등학교. 바로 이때 공부습관을 제대로 잡아 주는 것이 무엇보
다 중요합니다. 이때 형성된 공부습관이 이후 중 · 고등학교에서의 학업 성취도를 좌우하기 때문입니다.

···· '워밍업 ➡ 해결전략연습 ➡ 의욕충전'의 3단계 학습법
본격적인 운동을 하기 전에 준비운동으로 몸을 풀면, 더욱 안전하고 효과적인 운동을 할 수 있습니다. 공
부를 시작하기 전에도, 먼저 두뇌를 공부할 수 있는 상태로 풀어 주어야 더욱 효율적인 공부를 할 수 있습
니다. 공습에서는 준비운동을 통해 두뇌를 공부 모드로 바꿔 준 다음, 해결전략을 연습하는 문제를 풉
니다. 그리고 공부 의욕을 높이는 짤막한 글로 마무리하여 학교 · 학원 공부를 더욱 충실히 수행할 수 있
도록 합니다.

"공룡으로 잡는 3대 공부습관"

···· 첫째, 스스로 공부하는 습관

잔소리를 해서 공부를 시키는 부모와 잔소리 때문에 억지로 공부하는 아이, 모두 스트레스를 받습니다. 그러나 억지로 하는 공부는 오히려 아이에게 공부에 대한 반감만 일으킬 뿐입니다. 일단 아이의 공부 부담부터 줄여 주세요. 남들 한다고 따라서 이것저것 아이에게 시키지 마세요. 이 시기에는 하루하루 꾸준히 스스로 공부하는 습관을 잡아 주는 것만으로도 충분합니다.

공룡은 하루 10분, 부담 없이 재미있게 공부할 수 있습니다. 아이와 하루 10분 **공룡**공부를 약속하고 지켜 보세요. 시키지 않아도 스스로 공부하는 아이를 만날 수 있을 것입니다.

···· 둘째, 차례차례 문제를 해결하는 습관

긴 글만 보면 괜히 주눅이 들어서 자기가 가지고 있는 실력을 100퍼센트 발휘하지 못하는 아이들이 많습니다. 이것은 무엇보다 문제의 핵심이 무엇인지 파악하는 훈련이 되어 있지 않기 때문입니다. 학년이 올라갈수록 문제를 분석하여 해결 방법을 찾는 능력이 많이 요구됩니다. 초등학교 때부터 차례차례 문제를 해결하는 방법을 훈련하여, 이를 습관으로 만들어야 합니다.

공룡은 절차적 문제해결전략을 반복해서 훈련함으로써, 핵심을 잡아내는 공부습관을 만듭니다.

···· 셋째, 꾸준히 공부하는 습관

하루 세 끼 규칙적으로, 알맞은 양을 먹는 것이 건강을 지키는 방법입니다. 공부도 마찬가지입니다. 매일매일 아이가 할 수 있는 양만큼만 꾸준히 공부한다면, 아이는 공부와 시험에 대한 부담을 덜어 내고, 자신의 실력을 차곡차곡 쌓을 수 있습니다. 꾸준히 공부하기 위해서, 우선 아이 스스로가 공부는 할 만한 것이라는 자신감과 재미를 가져야 합니다.

공룡은 문제해결전략만 이해하면 누구나 풀 수 있습니다. 따라서 아이는 문제를 풀면서 자신감을 갖게 되고, 이러한 자신감은 공부에 대한 재미로 이어져 꾸준히 공부할 수 있는 습관을 만듭니다.

"공습의 훈련 프로그램 - 공습국어 초등어휘"

• • • • 어휘 간의 관계를 이해하고 다양하게 활용하는 습관을 잡는다.

영어 공부를 할 때는 영한사전이 아니라 영영사전을 찾아야 실력이 더 빨리 는다고 합니다. 어휘는 상황과 문맥에 따라 그 뜻이 달라지고, 비슷한 뜻의 어휘라도 상황에 알맞게 구별하여 사용해야 하기 때문입니다. 당장 문장을 해석하고 단어를 외울 때에는 단편적인 뜻을 이용하는 것이 더 편하지만 장기적으로 봤을 때 그런 습관은 독이 됩니다. 공습국어 초등어휘는 단순히 어휘의 뜻만을 외우도록 하지 않습니다. 어휘와 어휘 사이의 관계와 다양한 활용 방법을 반복적으로 훈련함으로써 다각도의 어휘 접근 방법을 일깨워 줍니다.

• • • • 암기로 버텨 왔던 어휘를 사고력 확장을 이끄는 어휘로

암기를 통해 머릿속에 넣은 어휘로는 그 어휘가 원래 가지고 있는 개념만큼 다양하게 활용할 수 없습니다. 어휘는 변화무쌍하고 용례 또한 다양하기 때문에 어휘에 대한 접근 역시 과학적이고 다양한 방법으로 해야 합니다. 공습국어 초등어휘의 전략을 통해 어휘 간의 관계를 파악하고 어휘의 다양한 쓰임새를 알 수 있습니다. 어휘 간의 관계를 살펴보는 과정에서 자연스럽게 학습할 어휘의 양을 늘리고 질을 높일 수 있습니다. 또한 어떤 어휘를 보더라도 이런 전략들을 적용시키는 습관을 키울 수 있습니다. 공습국어 초등어휘는 어휘 학습뿐 아니라 사고력까지 높여 주는 과학적 프로그램입니다.

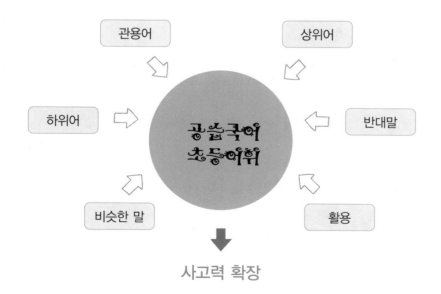

『공습국어 초등어휘』 활용 방법 보기

하나 처음 일주일 정도는 아이와 함께 하세요.

공습국어 초등어휘의 어휘 접근 전략을 아이가 이해할 수 있도록 일주일 정도는 아이와 함께 문제를 풀어 보세요. 각각의 전략 단계를 어떻게 풀면 되는지 설명해 주고, 채점을 통해 다시 한번 짚어 줍니다.

둘 매일 1회분씩 꾸준히 하도록 유도하되 강요하지 마세요.

아이에게 공부하라고 말하기 전에, 먼저 공부할 수 있는 환경과 조건을 만들어 주세요. 그리고 아이가 스스로 공부할 때까지 지켜봐 주세요. 또한 하루에 1회분 이상 진도를 나가지 않도록 지도해 주세요. 하루에 2회분 이상의 문제를 푸는 것은 꾸준한 공부 습관 형성에 방해가 될 수 있습니다.

셋 아이의 수준에 맞게 단계별로 선택하세요.

공습국어 초등어휘는 초등학교 교과서에서 뽑은 어휘들과 교과 과정 학습에 도움이 되는 어휘들로 이루어져 있습니다. 특히 요즘 국사의 중요성이 점점 부각되고 있기 때문에, 사회 과목의 경우 국사 영역을 따로 구분하여 어휘 학습을 하도록 구성하였습니다. 교과서를 바탕으로 한 어휘는 무엇보다 먼저, 꼭 알아야 하는 기본 어휘입니다. 또한 학교 수업에서 주로 이용되는 어휘들이기 때문에 천차만별인 아이들의 어휘 수준에 보다 가깝게 접근할 수 있습니다. 공습국어 초등어휘를 공부할 때, 해당 학년에 속하는 단계를 선택하여 학교 공부와의 연계성을 갖고 이해도를 높이는 것도 좋습니다. 그러나 학교 진도를 따라가기 위한 목적으로 무리하게 단계를 선택하지는 마세요. 공습국어 초등어휘는 단기적으로 국어 '성적'을 높이기 위한 교재가 아닙니다. 공습국어 초등어휘의 목적은 국어 '능력'을 높이는 것으로, 이것은 장기간의 훈련과 노력을 필요로 합니다. 아이의 어휘 실력에 맞는 단계를 선택할 때 최고의 효과를 얻을 수 있습니다.

단계	구성	어휘 출제 과목	출제 어휘 수
1·2학년	30회	국어, 수학, 과학, 사회, 예체능 영역	매 회 10~15개
3·4학년	30회	국어, 수학, 과학, 사회 영역	매 회 10~15개
5·6학년	30회	국어, 과학, 사회 영역	매 회 10~15개

넷 걸린 시간과 정답 개수를 꼭 적도록 하세요.

*공습국어 초등어휘*는 문제마다 걸린 시간과 정답 개수를 적도록 하고 있습니다. 아이들이 문제를 푼 다음, 걸린 시간을 적을 수 있도록 미리 시계를 준비해 주세요. 어휘의 양과 난이도에 따라 도전 시간에 차이를 두었습니다.

욕심이 앞서서 문제 풀이의 속도만 높이려 한다면 오히려 어휘 하나하나에 대해 고민하는 시간을 갖지 못합니다. 얼마나 많은 어휘를 외우느냐는 것은 중요하지 않습니다. 어휘를 통해 사고력까지 키울 수 있도록 여유를 가지세요. 도전 시간을 주고 걸린 시간과 정답 개수를 적게 하는 것은 집중력을 높이고 실력 향상의 재미를 느끼게 하기 위한 장치임을 꼭 기억하세요.

다섯 우리 아이, 이럴 땐 이렇게 하세요.

• 도전 시간 안에, 틀린 답 없이 문제를 풉니다.

뛰어난 어휘 이해 능력을 지녔습니다. 꾸준하게 훈련하면 어휘에 대한 감각이 잡히고 동시에 언어사고력 또한 발달할 것입니다.

• (도전 시간을 기준으로) 걸린 시간은 매우 짧은데, 정답률이 낮습니다.

문제풀이전략을 이해하지 못한 상태에서 건성으로 문제를 푼 것입니다. 문제의 틀을 이해시키고, 한 문제 한 문제 같이 풀어 보는 과정이 필요합니다.

• (도전 시간을 기준으로) 걸린 시간은 길지만, 정답률은 높습니다.

전략에 따른 문제 해결이 아직 익숙하지 않거나, 집중력이 오래 가지 못하는 것입니다. 그럼에도 문제를 꼼꼼하게 풀어낸 아이의 끈기를 칭찬해 주시고, 하루하루 지켜봐 주세요. 그리고 주변 환경을 정리하고 부모가 직접 시간을 재서 아이의 집중력이 흐트러지지 않게끔 도와줍니다.

• (도전 시간을 기준으로) 걸린 시간은 긴데, 정답률이 낮습니다.

문제풀이전략을 이해하지 못한 상태이며, 집중력 또한 떨어지는 것입니다. 옆에서 좀 더 지켜보며 문제 풀이를 다시 설명해 주세요. 주변에서 쉽게 볼 수 있는 사물을 예로 들고, 그 어휘를 그림으로 표현하는 등의 활동을 통해 문제 풀이에 대한 집중력과 재미를 길러 줍니다.

공습국어 초등어휘는 공부를 시작하기 위한 준비운동인 「머리 풀어주는 퍼즐」과 본격적인 문제해결전략을 연습하는 「낱말이 쏙 생각이 쑥」(1. 가로세로 낱말 찾기, 2. 낱말 뜻 알기, 3. 비슷한 말 반대말 알기, 4. 큰 말 작은 말 알기, 5. 짝을 이루는 말(관용어) 알기, 6. 낱말 활용하기), 그리고 공부 의욕을 높여 주는 「생각 다지는 글」로 구성되어 있습니다. 아이들의 어휘 수준에 맞게 '낱말' 과 '어휘' 라는 말을 조정하여 사용하였습니다.

준비운동 – 머리 풀어 주는 퍼즐
다양한 퍼즐을 통해 두뇌를 공부 모드로 전환하고 아울러 창의사고력을 키웁니다.

1. 가로세로 낱말 찾기
어휘를 찾아보는 가벼운 몸 풀기 문제입니다. 학습할 어휘와 뜻밖의 조합을 이루는 어휘를 찾으면서 흥미를 느낄 수 있습니다.

2. 낱말 뜻 알기
어휘의 뜻을 찾는 문제입니다. 어렴풋하게는 알지만 정확히 표현하기 어려웠던 어휘의 뜻을 사전적 설명과 그림을 통해 파악할 수 있습니다.

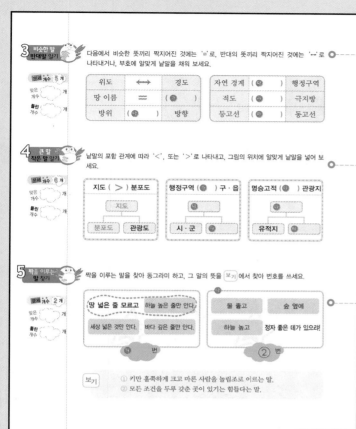

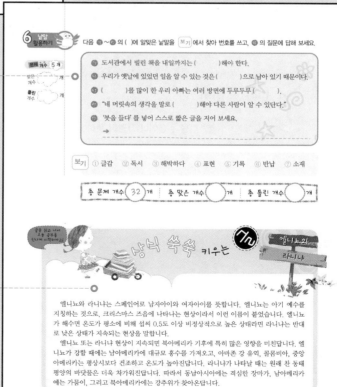

3. 비슷한 말 반대말 알기
비슷한 말과 반대말을 파악하는 문제입니다. 하나의 어휘에 연결되는 비슷한 말, 반대말까지 자연스럽게 알게 되어, 어휘의 의미를 좀 더 분명하게 알 수 있습니다.

4. 큰 말 작은 말 알기
어휘의 포함 관계를 파악하는 문제입니다. 부등호와 그것을 바탕으로 만들어진 조직도를 통해 어휘 간의 상위 개념과 하위 개념을 구분할 수 있습니다.

5. 짝을 이루는 말(관용어) 찾기
관용어를 찾고 그 뜻을 알아보는 문제입니다. 어휘가 관용적으로 쓰이면 원래의 뜻에 변화가 오기 때문에 어휘의 개념 확장에 대해 이해할 수 있습니다.

6. 낱말 활용하기
학습한 어휘가 실제 문장이나 생활에서 활용되는 것을 보여 주는 문제입니다. 문맥을 파악하고 상황을 연상하는 능력을 키울 수 있습니다.

마무리 – 생각 다지는 글
공부에 도움이 되는 이야기, 좋은 생활 습관을 다지는 이야기 등 부모가 아이에게 해 주고 싶은 이야기를 다양하게 싣고 있습니다.

"『공습국어 초등어휘』 풀이 방법 보기"

1. 가로 세로 낱말 찾기

다음 네모에서 알고 있는 낱말을 찾아 동그라미를 해 보세요.

명	절	다	리	밟	기	땔	오	장	★
★	한	탈	춤	윷	★	감	곡	작	보
대	식	조	★	놀	민	요	밥	★	릿
보	★	동	지	이	속	판	소	리	고
름	더	위	팔	기	아	궁	이	★	개

내가 찾은 낱말 16 개

가로 혹은 세로에 숨어 있는 어휘를 찾아 동그라미로 묶습니다. 한 글자씩 겹치기도 합니다. '윷놀이'와 '더위팔기'의 끝 글자들이 '이기'라는 조금 생소한 글자를 만들기도 하고, 또 '다리'와 '밟기'처럼 각자의 뜻을 가지고 있는 어휘들이 '다리밟기'라는 하나의 뜻을 만들기도 합니다. 그래서 학습자의 수준에 따라 주어진 글자로 만들 수 있는 어휘의 개수가 달라집니다. 어떤 아이는 '동위'처럼 잘 쓰이지 않는 어휘를 찾을 것이고, 더러 호기심이 많은 아이는 '판궁'처럼 뜻이 없는 어휘를 찾아 그 뜻을 궁금해 할 것입니다.

찾은 어휘를 세어 개수를 표시합니다. 해설지에 표시된 어휘보다 더 많이 찾을 수도 있고 적게 찾을 수도 있습니다. 찾은 개수는 그다지 중요하지 않습니다. 그러나 해설지에 표시된 어휘는 교과서에서 뽑은 기본 어휘입니다. 곧 문제를 풀기 위해 기본적으로 필요한 어휘이므로 많이 찾지 못했을 경우에는 아이에게 조금 더 시간을 주세요. 그리고 아이와 함께 누가 빨리 어휘를 찾아내는지 게임을 하며 아이의 흥미를 높여 주세요.

2. 낱말 뜻 알기

다음 설명이나 그림이 뜻하는 낱말이 무엇인지 빈칸을 채워 보세요.

㉮ 곡식은 떨어지고 보리는 여물지 않아 먹을 것이 없는 때 ·· 보 릿 고 개

㉯ 설날이나 추석처럼 해마다 일정하게 지키어 즐기거나 기념하는 때 ··· 명 절

㉰ 일 년 중 낮이 가장 짧고 밤이 가장 긴 절기 ··············· 동 지

㉱ 일반 백성들 사이에 내려오는 풍속 등 문화를 통틀어 이르는 말 · 민 속

㉲ 탈 춤   ㉳ 판 소 리   ㉴ 윷 놀 이   ㉵ 아 궁 이

〈1. 가로세로 낱말 찾기〉에서 찾은 어휘 중, 설명과 그림이 가리키는 어휘를 찾아 빈칸에 써 넣습니다.

3. 비슷한 말 반대말 알기

다음에서 비슷한 뜻끼리 짝지어진 것에는 '=' 로, 반대의 뜻끼리 짝지어진 것에는 '↔' 로 나타내거나, 부호에 알맞게 낱말을 채워 보세요.

장작	(㉮ =)	땔감
하지	↔	(㉯ 동지)
아궁이	(㉰ =)	불구멍

민속	(㉱ ↔)	현대
판소리	(㉲ ↔)	대중가요
대보름달	↔	초승달

비슷한 말끼리 짝을 지은 것에는 '같다' 를 뜻하는 '=' 표시를, 반대말끼리 짝을 지은 것에는 '다르다' 를 뜻하는 '↔' 표시를 합니다. 그리고 낱말 부분이 빈칸인 것에는 제시된 어휘와 비슷한, 혹은 반대의 뜻을 지닌 어휘를 써 넣습니다. '장작' 과 '땔감' 은 비슷한 뜻이니 ㉮에는 '=' 를 넣고, '민속' 과 '현대' 는 반대의 뜻이니 ㉱에는 '↔' 를 넣습니다. 또 '하지' 와 반대의 뜻을 가지고 있는 말을 〈1. 가로세로 낱말 찾기〉에서 찾으면 '동지' 가 가장 적당하므로, ㉯에는 '동지' 를 써 넣습니다.

4. 큰 말 작은 말 알기

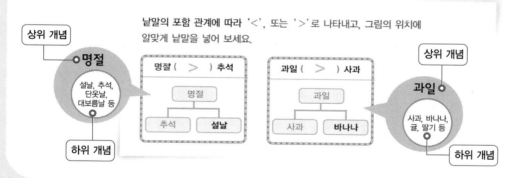

낱말의 포함 관계에 따라 '<', 또는 '>' 로 나타내고, 그림의 위치에 알맞게 낱말을 넣어 보세요.

'추석' 이나 '설날' 은 해마다 기념하는 날들로 이들을 아울러 '명절' 이라고 부릅니다. 곧 명절은 명절의 예들을 모두 포함하는 상위 개념이고, '추석', '설' 등은 명절에 포함되는 하위 개념임을 알 수 있습니다. 포함 관계를 부등호로 나타내며, 더 범위가 큰 쪽에 부등호를 향하게 합니다. 조직도에는 상위 개념이 위의 칸에, 하위 개념이 아래 칸에 들어갑니다.

벤다이어그램을 보면 어휘의 포함 관계를 더욱 쉽게 알 수 있습니다. 우선 아이들에게는 쉬운 예를 들어 설명해 주세요. '사과', '바나나', '과일' 이라는 어휘가 있다면 사과와 바나나는 과일의 한 종류로 '과일' 에 속합니다. 부등호는 '과일' 쪽으로 향하며, 조직도 위의 칸에는 '과일' 이, 아래 칸에는 '사과' 와 '바나나' 가 자리합니다.

5. 짝을 이루는 말(관용어) 찾기

짝을 이루는 말을 찾아 동그라미 하고, 그 말의 뜻을 보기 에서 찾아 번호를 쓰세요.

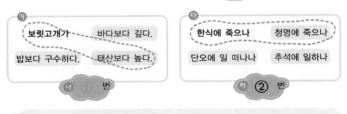

㉮
보릿고개가 ─── 바다보다 깊다.
밥보다 구수하다. ─── 태산보다 높다.

㉯ ① 번

㉰
한식에 죽으나 ─── 청명에 죽으나
단오에 일 떠나나 추석에 일하나

㉱ ② 번

보기 ① 농사지은 식량으로 보리가 날 때까지 견디기가 매우 힘들다.
② 하루 먼저 죽으나 뒤에 죽으나 같다.

관용어를 이루는 어휘의 짝을 찾아 동그라미로 묶습니다. 그리고 그것들이 짝을 이루어 나타내는 뜻을 [보기]에서 찾아 그 뜻에 해당하는 번호를 빈칸에 써 넣습니다. 앞서 학습한 어휘가 들어가는 말을 최대한 이용하였고, 뜻이나 상황에서 관련성을 갖는 어휘도 이용하였습니다.

6. 낱말 활용하기

다음 ㉮~㉱의 ( )에 알맞은 낱말을 보기 에서 찾아 번호를 쓰고, ㉲의 질문에 답해 보세요.

㉮ 정월 대보름날 (⑤)은/는 한여름 더위를 미리 다른 이에게 파는 놀이이다.
㉯ 예전에는 산에서 나무를 해다가 (④)(으)로 사용하였다.
㉰ 춘향가, 심청가 등의 (⑥)은/는 우리에게는 동화로 더 유명하다.
㉱ 우리나라는 밤이 긴 (②)에 팥죽을 쑤어 먹는 풍습이 있다.
㉲ '보릿고개' 를 넣어 짧은 글을 지어 보세요.
→ 겨울이 지나고 보릿고개가 코앞에 닥쳤다.

보기 ① 윷놀이 ② 동지 ③ 민속 ④ 땔감 ⑤ 더위팔기 ⑥ 판소리 ⑦ 보릿고개

학습한 어휘가 실제로 어떻게 활용되는지 보여주는 문제입니다. 앞뒤의 문맥을 보고 적합한 어휘를 선정하여 문장을 완성합니다. 그리고 짧은 글짓기를 하거나 그 말이 사용되는 상황을 연상해 보며 언어사고력을 확장시킵니다.

차례

Contents

공습을 시작하며...

•••• 매일 매일 즐거운 마음으로 공습국어 초등어휘 1회부터 30회 까지 꾸준히 풀어 보세요. 자, 준비됐나요? 그럼 신나게 시작해 보세요!

도전 시간	걸린 시간
00 분 10 초	분 초

창의사고력 기초 다지기 주의집중력 쑥~

철민이는 강을 건너 강아지가 있는 곳으로 가려고 해요. 다리가 연결된
곳을 따라 길을 이어 보세요.

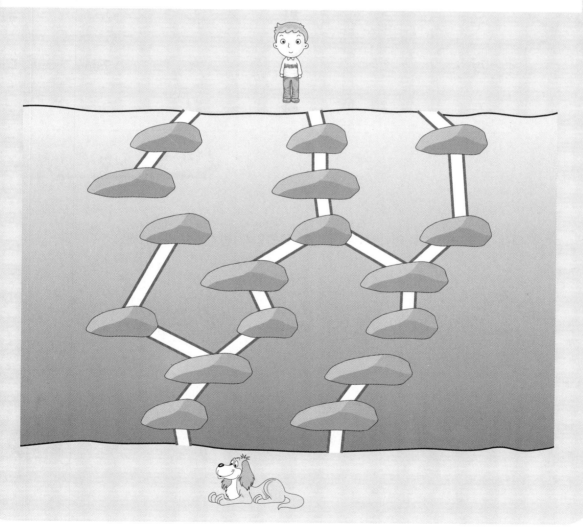

도전시간
8 분 00 초

걸린시간
분 초

1 가로세로 낱말 찾기

여기서 찾은 낱말로 2~6번 문제를 풀어요!

다음 네모에서 알고 있는 낱말을 찾아 동그라미를 해 보세요.

선	반	찬	덕	분	풍
기	원	성	냥	불	성
무	렵	함	유	도	하
창	의	력	★	저	다
포	육	아	일	기	★

내가 찾은 낱말 ⬜ 개

2 낱말 뜻 알기

다음 설명이나 그림이 뜻하는 낱말이 무엇인지 빈칸을 채워 보세요.

문제 개수 6 개

맞은 개수 ⬜ 개

틀린 개수 ⬜ 개

㉮ 베풀어 준 은혜나 도움 ·········· ⬜ ⬜

㉯ 새로운 것을 생각해 내는 능력 ·········· ⬜ ⬜ ⬜

㉰ 넉넉하고 많다. ·········· ⬜ 하 다

⬜ ⬜ 불

⬜ ⬜

⬜ ⬜

다음에서 비슷한 뜻끼리 짝지어진 것에는 '='로, 반대의 뜻끼리 짝지어진 것에는 '↔'로 나타내거나, 부호에 알맞게 낱말을 채워 보세요.

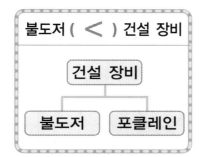

때	**=**	무렵
풍성하다	(가)	빈곤하다

성함	(나)	이름
찬성	(다)	반대

낱말의 포함 관계에 따라 '<' 또는 '>'로 나타내고, 그림의 위치에 알맞게 낱말을 넣어 보세요.

불도저 (**<**) 건설 장비

건설 장비
├ 불도저
└ 포클레인

일기 (가) 육아 일기

나
├ 그림일기
└ 다

육아 일기는
아이가 자라나는 것을
보며 부모님이
쓰는 일기야.

짝을 이루는 말을 찾아 동그라미 하고, 그 말의 뜻을 보기 에서 찾아 번호를 쓰세요.

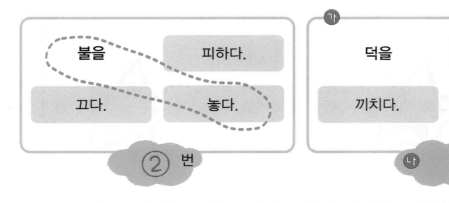

불을	피하다.
끄다.	놓다.

② 번

덕을	보다.
끼치다.	가리다.

나 번

보기   ① 남에게 이익이나 도움을 입다.
       ② 광산에서 폭약을 터뜨리려고 도화선에 불을 붙이다.

다음 ㉮~㉰ 의 ( )에 알맞은 낱말을 보기 에서 찾아 번호를 쓰고, ㉲ 의 질문에 답해 보세요.

㉮ 도로 공사를 하기 위해 (⑤)가 흙을 고루 펴고 있다.

㉯ 봄, 여름에 부지런히 땀 흘린 자만이 가을에 (   ) 수확을 거둘 수 있다.

㉰ "그간 잘 지내셨습니까?" "예, (   )에 아주 잘 지냈습니다."

㉱ (   )하는 사람의 수와 반대하는 사람의 수가 비슷하여 다수결로 결정했다.

㉲ '무렵'을 넣어 짧은 글을 지어 보세요.

→ _____

보기 ① 덕분   ② 풍성한   ③ 창의력   ④ 성냥불   ⑤ 불도저   ⑥ 찬성

총 문제 개수 (18)개   총 맞은 개수 (   )개   총 틀린 개수 (   )개

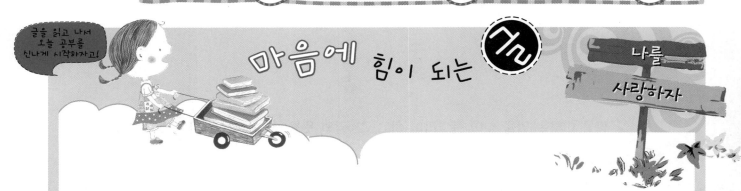

글을 읽고 나서 오늘 공부를 신나게 시작하자고!

마음에 힘이 되는 글

나를 사랑하자

민지는 거울을 볼 때가 가장 싫었어요. 뚱보라고 놀림을 받는 자신의 모습이 정말 싫었거든요. 정환이는 절대 친구들을 집에 데리고 오지 않는답니다. 좁은 집에서 사는 것이 창피하거든요. 승기는 성적 이야기만 나오면 늘 고개를 푹 숙인답니다. 공부를 잘하지 못하기 때문에, 늘 주눅이 들어 있거든요.

만약, 민지와 정환이, 승기가 당당한 모습으로 행동한다면 어떻게 달라질까요? 아마도 민지는 '적당히 통통한 것은 뚱뚱한 게 아니야!', 정환이는 '가난은 창피한 게 아니야!', 승기는 '난 공부 말고 다른 것을 더 잘해!' 라고 생각하고는 절대 주눅이 들지 않을 거예요.

세상에 '나'는 단 하나랍니다. '내'가 '나'를 당당하게 생각한다면, 나를 더 사랑하게 되고 어떤 어려움도 이겨 나갈 수 있답니다.

 머리 풀어 주는  퍼즐

도전 시간	걸린 시간
00 분 15 초	분 초

창의사고력 기초 다지기 연상추리력 쑥~

친구와 함께 끝말잇기 놀이를 하고 있어요. 빈칸을 채워 끝말잇기를 완성해 보세요.

음	료	수

수	

 힌트
• 여름에 주로 먹는 과일이며, 껍질은 초록색 바탕에 검은 줄이 있고 속은 빨간색입니다.

	쥐

 힌트
• 주로 동굴에서 사는 동물이며 날개가 있고 거꾸로 매달려 생활합니다.

날말이 쏙 생각이 쑥

도전시간 | 7 분 | 45 초
걸린시간 | 분 | 초

1 가로세로 낱말 찾기

다음 네모에서 알고 있는 낱말을 찾아 동그라미를 해 보세요.

여기서 찾은 낱말로 2~6번 문제를 풀어요!

견	학	★	경	기	장
차	공	건	비	광	중
선	공	널	원	고	앙
경	장	목	정	지	선
험	소	곤	란	하	다

내가 찾은 낱말 ◯ 개

2 낱말 뜻 알기

다음 설명이나 그림이 뜻하는 낱말이 무엇인지 빈칸을 채워 보세요.

문제 개수 6 개

맞은 개수 ◯ 개
틀린 개수 ◯ 개

㉮ 실지로 보고 그 일에 관한 구체적인 지식을 넓힘. ⋯⋯⋯⋯⋯ ☐ ☐

㉯ 넓은 도로를 한 대의 자동차가 지나갈 수 있을 만큼의 너비로 나누어 그어 놓은 선 ⋯⋯⋯⋯⋯⋯⋯⋯⋯⋯⋯⋯⋯⋯⋯⋯⋯⋯⋯ ☐ ☐

㉰ 사정이 몹시 딱하고 어렵다. ⋯⋯⋯⋯⋯⋯⋯⋯ ☐ ☐ 하 다

㉱ 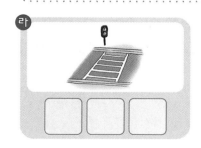 ☐ ☐ ☐

㉲  ☐ ☐ ☐

㉳ 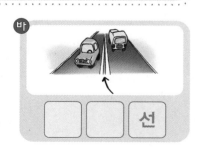 ☐ ☐ 선

18

다음에서 비슷한 뜻끼리 짝지어진 것에는 '='로, 반대의 뜻끼리 짝지어진 것에는 '↔'로 나타내거나, 부호에 알맞게 낱말을 채워 보세요.

난처하다	=	(가)
광고	(나)	선전

견학	(다)	보고 배우기
지상	(라)	지하

낱말의 포함 관계에 따라 '<' 또는 '>'로 나타내고, 그림의 위치에 알맞게 낱말을 넣어 보세요.

공공장소 (가) 박물관

나
다 / 영화관

축구장 (라) 경기장

마
농구장 / 바

공공장소란 많은 사람이 함께 사용하는 장소를 말해.

짝을 이루는 말을 찾아 동그라미 하고, 그 말의 뜻을 보기에서 찾아 번호를 쓰세요.

가
다리를 / 끊다.
건너다. / 피하다.
나 번

다
이기는 것이 / 이기는 것
지는 것 / 좋은 것
라 번

보기

① 말이나 물건 따위가 어떤 한 사람을 거쳐 다른 사람에게 넘어가다.
② 서로 싸우면 한이 없고 좋지 못한 일만 생기니 빨리 지는 척하고 그만두는 것이 좋다.

6 낱말 활용하기

다음 ㉮~㉭ 의 ( )에 알맞은 낱말을 [보기]에서 찾아 번호를 쓰고, ㉲ 의 질문에 답해 보세요.

문제 개수 5 개

맞은 개수 ⬜ 개

틀린 개수 ⬜ 개

㉮ 봄 소풍 대신 박물관으로 (　　　)을 가기로 했다.

㉯ 사람들이 많이 모이는 (　　　)에서는 질서를 지켜야 한다.

㉰ 모든 것을 직접 (　　　)해 볼 수 없지만 책을 읽는 것으로 알 수 있다.

㉱ 차단기가 내려진 (　　　)에서는 반드시 멈춰 서서 열차가 오는지 살펴보아야 한다.

㉲ '곤란하다'를 넣어 짧은 글을 지어 보세요.

　➡ _____

[보기]　① 견학　② 곤란하다　③ 건널목　④ 경기장　⑤ 공공장소　⑥ 경험

총 문제 개수 (25) 개　｜　총 맞은 개수 (　) 개　｜　총 틀린 개수 (　) 개

생각하고 되새기는 7교시

'모순'의 유래

글을 읽고 나서 오늘 공부를 신나게 시작하자!

　옛날 초나라에 장터를 돌아다니며 창과 방패를 파는 상인이 있었어요. 어느 날, 한 장터에 도착한 상인은 창과 방패를 늘어놓고는 팔기 시작했어요.

　"이 방패는 아무리 날카로운 창으로도 뚫리지 않는 세상에서 가장 강력한 방패입니다."

　구경꾼들이 신기한 듯 방패를 쳐다보며 말했어요.

　"오호! 정말 단단하게 생겼는걸. 하나 살까?"

　구경꾼들의 말에 신이 난 상인은, 이번에는 창을 높이 들고는 소리치기 시작했어요.

　"이 날카로운 창을 보세요. 아무리 단단한 방패라도 단숨에 뚫어 버릴 수 있답니다."

　상인의 말이 끝나자마자, 한 구경꾼이 고개를 갸우뚱거리며 물었어요.

　"그럼, 그 창으로 저 방패를 찌르면 어떻게 되는 거요?"

　구경꾼의 말에 상인은 아무 말도 못하고 얼른 자리를 떠났답니다. 그 후로, 창과 방패라는 뜻의 '모순(矛盾)'은 일의 앞뒤가 맞지 않거나 이치에 어긋남을 이르는 말로 쓰인답니다.

20

03회 머리 풀어 주는 퍼즐

도전 시간	걸린 시간
00 분 10 초	분 초

창의사고력 기초 다지기 판단 능력 쑥~

냉장고를 열었는데 이상한 물건이 하나 들어 있어요. 그 물건은 다음 중 무엇일까요?

❶

❷

❸

❹

도전시간   걸린시간

| 8 분 | 00 초 | | 분 | 초 |

1 가로세로 낱말 찾기

다음 네모에서 알고 있는 낱말을 찾아 동그라미를 해 보세요.

여기서 찾은 낱말로 2~6번 문제를 풀어요!

구	그	래	프	미	★
구	숫	자	점	터	모
단	차	방	수	★	눈
높	이	법	판	정	종
낱	개	조	사	답	이

내가 찾은 낱말 ⬜ 개

2 낱말 뜻 알기

다음 설명이나 그림이 뜻하는 낱말이 무엇인지 빈칸을 채워 보세요.

문제 개수 6 개

맞은 개수 ⬜ 개

틀린 개수 ⬜ 개

㉮ 곱셈에 쓰는 기초 공식. 1에서 9까지의 각 수를 두 수끼리 서로 곱하여 그 값을 나타냄. ·········· ⬜⬜⬜

㉯ 수를 나타내는 글자 ································ ⬜⬜

㉰ 서로 같지 아니하고 다름. 또는 그런 정도나 상태 ···· ⬜⬜

㉱
⬜ ⬜ 종 이

㉲
⬜ ⬜ ⬜

㉲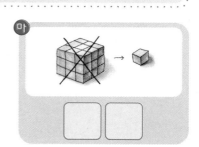
⬜ ⬜ ⬜

비슷한 말 반대말 알기

다음에서 비슷한 뜻끼리 짝지어진 것에는 '='로, 반대의 뜻끼리 짝지어진 것에는 '↔'로 나타내거나, 부호에 알맞게 낱말을 채워 보세요.

방안지	=	(가)
낱개	(나)	묶음

방법	(다)	수단
정답	(라)	오답

큰 말 작은 말 알기

낱말의 포함 관계에 따라 '<' 또는 '>'로 나타내고, 그림의 위치에 알맞게 낱말을 넣어 보세요.

막대그래프 (가) 그래프
나
다 　 띠그래프

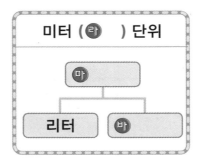

미터 (라) 단위
마
리터 　 바

단위는 무게, 길이 등의 수치를 나타낼 때 기준이 되는 거야.

짝을 이루는 말 찾기

짝을 이루는 말을 찾아 동그라미 하고, 그 말의 뜻을 보기 에서 찾아 번호를 쓰세요.

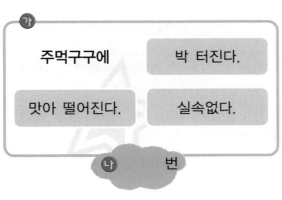

가
주먹구구에 　 박 터진다.
맞아 떨어진다. 　 실속없다.
나 　 번

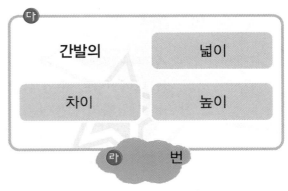

다
간발의 　 넓이
차이 　 높이
라 　 번

보기

① 계획성 없이 그저 대강 맞추어 하다가는 나중에 큰 봉변을 당하게 된다.

② 서로 엇비슷할 정도로 그 차이가 아주 작다.

6 낱말 활용하기

다음 ㉮~㉰ 의 ( )에 알맞은 낱말을 보기 에서 찾아 번호를 쓰고, ㉲ 의 질문에 답해 보세요.

문제 개수 **5** 개

맞은 개수 ◯ 개

틀린 개수 ◯ 개

㉮ 도매상들은 물건을 ( )로 팔지 않고 묶음 단위로 판다.

㉯ 내 키가 자라는 것을 한눈에 보기 위해 ( )로 그려 놓았다.

㉰ 나는 ( )이 4번이라고 말했지만 실은 1번이었다.

㉱ 이번 시험에는 지난번 시험보다 높은 ( )를 받고 싶다.

㉲ '간발의 차이'는 어떤 경우에 쓰는 말인지 써 보세요.

➜ --

보기 ① 구구단 ② 그래프 ③ 점수 ④ 낱개 ⑤ 정답 ⑥ 숫자

총 문제 개수 **25** 개 ┊ 총 맞은 개수 ◯ 개 ┊ 총 틀린 개수 ◯ 개

공부 의욕 다지는 쉼 **수업 시간에 집중하자**

글을 읽고 나서 오늘 공부를 신나게 시작하자고!

학생이라면 누구나 공부를 잘하고 싶을 거예요. 그러기 위해서는 지켜야 할 가장 기본적인 원칙이 하나 있답니다. 바로 '수업 시간에 집중해서 듣기' 입니다.

공부를 잘하는 사람들의 공통점은 집중력이 높다는 점입니다. 특히, 수업 시간의 집중력은 매우 중요하답니다. 수업 시간만 충실하게 들으면, 그날 배워야 할 것을 모두 알 수 있기 때문이에요. 수업 내용을 다 이해할 수 있다면, 굳이 예습과 복습에 많은 시간을 들일 필요도 없답니다.

'나의 수업 시간'은 어떤 모습이었는지 생각해 보세요. 친구들과 소곤소곤 떠들거나, 쪽지를 주고받거나, 멍하게 칠판을 바라보고 있진 않았는지 말이에요. 수업 시간의 주인공은 바로 여러분이랍니다. 선생님의 말에 귀 기울이고, 적극적으로 발표를 하다 보면, 어느새 우등생이 되어 있을 거예요.

24

O4회

머리 풀어 주는 퍼즐

공부를 시작할 때도
준비운동이 필요하다고!
하나둘 하나둘

도전 시간	걸린 시간
00 분 15 초	분 초

창의사고력 기초 다지기 정보처리능력 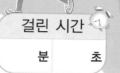 쑥~

창식이는 엄마 심부름으로 약국에 갔다가 오락실에서 잠깐 놀다 오려고 해요. 다른 곳은 들르지 않고 약국과 오락실만 다녀오려면 어느 길로 가야 할까요? 그림에 선을 그어 보세요.

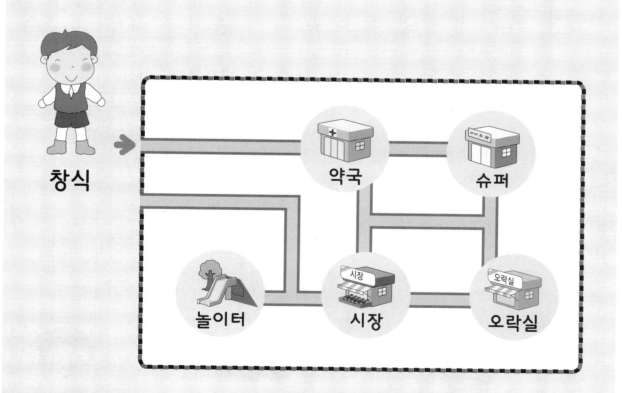

창식

약국   슈퍼

놀이터   시장   오락실

낱말이 쏙 생각이 쑥

1 가로세로 낱말 찾기

다음 네모에서 알고 있는 낱말을 찾아 동그라미를 해 보세요.

여기서 찾은 낱말로 2~6번 문제를 풀어요!

오	뚝	이	로	돌	림
뉴	재	롱	컷	우	주
월	계	관	합	주	먹
외	계	인	격	선	코
터	널	★	은	하	수

내가 찾은 낱말 ⬤ 개

2 낱말 뜻 알기

다음 설명이나 그림이 뜻하는 낱말이 무엇인지 빈칸을 채워 보세요.

문제 개수 6 개

맞은 개수 ⬤ 개

틀린 개수 ⬤ 개

㉮ 오월이나 유월이라는 뜻으로, 여름 한철을 이르는 말 ····· ☐ ☐ 월

㉯ 수많은 별의 무리를 강에 비유하여 이르는 말 ········· ☐ ☐ ☐

㉰ 차례대로 돌아감. ··· ☐ ☐

㉱ 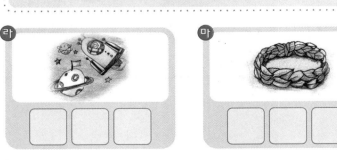 ☐ ☐ ☐

㉲ ☐ ☐ ☐

㉳  ☐ ☐ 코

다음에서 비슷한 뜻끼리 짝지어진 것에는 '＝'로, 반대의 뜻끼리 짝지어진 것에는 '↔'로 나타내거나, 부호에 알맞게 낱말을 채워 보세요.

미리내	＝	(가)
외계인	(나)	지구인

합주	(다)	독주
합격	(라)	불합격

낱말의 포함 관계에 따라 '＜' 또는 '＞'로 나타내고, 그림의 위치에 알맞게 낱말을 넣어 보세요.

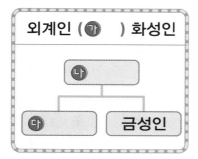

외계인 (가) 화성인

나

다   금성인

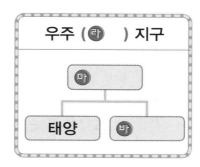

우주 (라) 지구

마

태양   바

외계인은 지구가 아닌 다른 별에 살고 있는 생명체를 말해.

짝을 이루는 말을 찾아 동그라미 하고, 그 말의 뜻을 보기 에서 찾아 번호를 쓰세요.

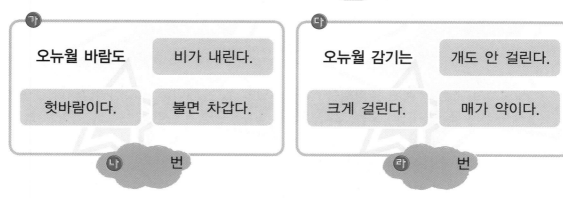

가

오뉴월 바람도   비가 내린다.

헛바람이다.   불면 차갑다.

나   번

다

오뉴월 감기는   개도 안 걸린다.

크게 걸린다.   매가 약이다.

라   번

보기

① (놀림조로) 여름에 감기를 앓다니 변변치 못하다.

② 아무리 미약하고 하찮은 것이라도 계속되면 무시할 수 없는 결과를 가져온다.

6 낱말 활용하기

다음 ㉮~㉣의 ( )에 알맞은 낱말을 [보기]에서 찾아 번호를 쓰고, ㉤의 질문에 답해 보세요.

문제 개수 ⑤ 개

맞은 개수 ◯ 개

틀린 개수 ◯ 개

> ㉮ 견우와 직녀는 칠월 칠석이면 ( ) 위로 놓인 오작교를 건너 만날 수 있었다.
>
> ㉯ 그리스에서는 올림픽에서 우승한 사람에게 ( )을 씌우고 축하해 주었다.
>
> ㉰ 이티나 에일리언 등 ( )이 등장하는 영화가 많이 있다.
>
> ㉱ 우리나라도 우주로 나아가기 위해 ( ) 개발에 힘을 기울이고 있다.
>
> ㉲ '오뉴월'을 넣어 짧은 글을 지어 보세요.
>
> → _____

[보기] ① 오뉴월   ② 은하수   ③ 돌림   ④ 우주선   ⑤ 월계관   ⑥ 외계인

총 문제 개수 ㉕ 개 | 총 맞은 개수 ◯ 개 | 총 틀린 개수 ◯ 개

상식 쑥쑥 키우는 72

가장 오래된 백화점

세계에서 가장 오래된 백화점은 영국 런던에 있는 해러즈 백화점이랍니다. 1849년 세워진 이 백화점은 물건을 사러 오는 고객 말고도, 그냥 구경만 하러 오는 관광객들로 늘 북적거린답니다. 그 명성답게 전 세계의 유명 브랜드 제품들은 이 백화점에 들어가기 위해 애를 씁니다. 해러즈 백화점에 들어가는 것만으로도 최고급 브랜드로 인정받을 뿐만 아니라, 홍보 효과도 톡톡히 누릴 수 있기 때문이랍니다.

그럼, 우리나라 최초의 백화점은 어디일까요? 현재 서울 신세계 백화점 본점 자리에 있던 미쓰코시 백화점 경성 지점이랍니다. 1930년에 문을 연 이 백화점은 일본 사람이 세운 것으로, 당시 만주와 조선을 통틀어서 가장 규모가 컸답니다. 우리나라 사람이 세운 최초의 백화점은 화신 백화점이에요. 1931년에 박흥식이란 부자가 종로에 세웠답니다.

머리 풀어 주는 퍼즐

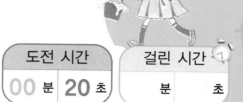

도전 시간	걸린 시간
00 분 20 초	분 초

창의사고력 기초 다지기　　계산능력 쓱~

다음 문제를 계산하여 알맞은 숫자를 네모 안에 써 보세요.

```
5 + 2 - 3 =  □
                +
                2
                =
              □  + 6 =  □
```

29

도전시간 | 걸린시간
7 분 | 30 초 | 분 | 초

1 가로세로 낱말 찾기

다음 네모에서 알고 있는 낱말을 찾아 동그라미를 해 보세요.

여기서 찾은 낱말로 2~6번 문제를 풀어요!

잡	완	성	무	사	히
초	통	째	괭	냥	단
거	북	선	이	보	순
꽃	밭	라	면	물	하
곤	두	박	질	치	다

내가 찾은 낱말 ⬜ 개

2 낱말 뜻 알기

다음 설명이나 그림이 뜻하는 낱말이 무엇인지 빈칸을 채워 보세요.

문제 개수 6 개

맞은 개수 ⬜ 개

틀린 개수 ⬜ 개

㉮ 나누지 아니한 덩어리 전부 ··········· ⬜ ⬜

㉯ 아무 일 없이 편안히 ··············· ⬜ ⬜ ⬜

㉰ 복잡하지 않고 간단하다. ········· ⬜ ⬜ 하 다

㉱
⬜ ⬜

㉲
⬜ ⬜ ⬜

㉳
⬜ ⬜ ⬜

30

다음에서 비슷한 뜻끼리 짝지어진 것에는 '='로, 반대의 뜻끼리 짝지어진 것에는 '↔'로 나타내거나, 부호에 알맞게 낱말을 채워 보세요.

잡풀	=	(가)
완성	(나)	완료

통째	(다)	통짜
단순하다	(라)	복잡하다

낱말의 포함 관계에 따라 '<', 또는 '>'로 나타내고, 그림의 위치에 알맞게 낱말을 넣어 보세요.

라면 (가) 즉석식품

나

다   통조림

풀 (라) 잡초

마

화초   바

즉석식품은 휴대나 조리 등이 간편한 식품을 말해.

짝을 이루는 말을 찾아 동그라미 하고, 그 말의 뜻을 보기 에서 찾아 번호를 쓰세요.

가

뒤가   답답하다.

늘어지다.   무사하다.

나   번

다

후추를   심어 기르다.

통째로 삼킨다.   빨아 넣다.

라   번

보기
① (비꼬는 말로) 속 내용은 모르고 겉 형식만 취하는 어리석은 행동을 하다.
② 어떤 일의 뒤끝에 대하여 걱정할 만한 것이 전혀 없거나 걱정을 하지 않아도 되다.

6 낱말 활용하기

다음 ㉮~㉰의 ( )에 알맞은 낱말을 보기 에서 찾아 번호를 쓰고, ㉲의 질문에 답해 보세요.

문제 개수 5 개

맞은 개수 □ 개

틀린 개수 □ 개

㉮ 전쟁터에 끌려 나간 사람들이 ( ) 돌아오기는 어려울 것이다.

㉯ 구렁이는 개구리를 ( ) 삼켰다.

㉰ 배가 고팠지만 밥이 없어 ( )을 끓여 먹었다.

㉱ 엄마와 아빠는 내가 우리 집에서 가장 소중한 ( )이라고 하신다.

㉲ '단순하다'를 넣어 짧은 글을 지어 보세요.

→ _____

보기   ① 무사히   ② 통째   ③ 단순한   ④ 라면   ⑤ 괭이   ⑥ 보물

총 문제 개수 25 개   총 맞은 개수 ◯ 개   총 틀린 개수 ◯ 개

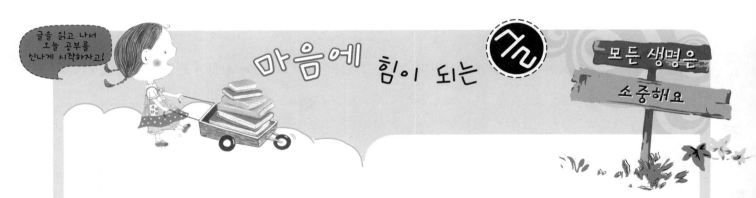

마음에 힘이 되는 수필

모든 생명은 소중해요

혁이는 바닷가 여기저기 헤집으며 다니느라 정신이 없었어요. 돌 틈 사이에 숨어 있는 조그마한 게를 잡고 있거든요. 어느새, 가져간 음료수 통 가득히 게를 잡았답니다. 엄마는 게를 풀어 주라고 했어요. 집에 가져가도 죽는다면서요. 하지만 혁이는 친구들에게 자랑하고 싶은 욕심에 가져가겠다며 고집을 피웠답니다.

만약, 여러분이 혁이라면 어떻게 할 건가요? 게를 바닷가에 다시 놓아줄 건가요, 아니면 집까지 가져갈 건가요. 사람들은 무심코 게 또는 곤충들을 원래 살던 곳에서 다른 곳으로 옮기지만, 자칫하면 생명을 잃을 수도 있답니다. 작고 이름 없는 꽃과 풀도 마찬가지예요. 예쁘다고 그냥 꺾거나 뽑으면 안 돼요. 생명이 있는 모든 것을 소중히 해야 한답니다.

06 회

머리 풀어 주는 퍼즐

창의사고력 기초 다지기 주의집중력 쓱~

보기와 같은 그림을 골라 그 번호를 쓰세요.

보기

❶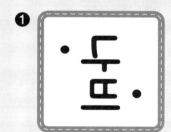

❷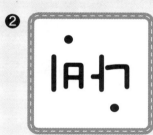

❸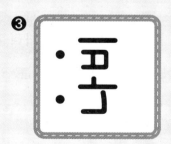

❹

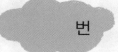 번

낱말이 쏙 생각이 쑥

1 가로세로 낱말 찾기

다음 네모에서 알고 있는 낱말을 찾아 동그라미를 해 보세요.

> 여기서 찾은 낱말로 2~6번 문제를 풀어요!

근	문	장	반	대	신
처	버	릇	디	꾸	언
말	룻	보	람	중	덕
멈	춤	리	비	탈	길
꽁	무	니	몸	짓	섶

내가 찾은 낱말 　　　 개

2 낱말 뜻 알기

다음 설명이나 그림이 뜻하는 낱말이 무엇인지 빈칸을 채워 보세요.

문제 개수 **6** 개

맞은 개수 　개

틀린 개수 　개

가 일을 들추어 내어 트집이나 문젯거리를 일으키는 말이나 행동 ··· ☐☐

나 엉덩이를 중심으로 한, 몸의 뒷부분 ·················· ☐☐☐

다 가까운 곳 ·· ☐☐

라

☐☐

마

☐☐

바

☐☐

다음에서 비슷한 뜻끼리 짝지어진 것에는 '='로, 반대의 뜻끼리 짝지어진 것에는 '↔'로 나타내거나, 부호에 알맞게 낱말을 채워 보세요.

근방	=	(가)		버릇	(다)	습관
꾸중	(나)	칭찬		멈춤	(라)	나아감

낱말의 포함 관계에 따라 '<' 또는 '>'로 나타내고, 그림의 위치에 알맞게 낱말을 넣어 보세요.

곡물 (가) 보리

나

다 / 쌀

비탈길 (라) 길

마

언덕길 / 바

곡물은 사람에게 식량이 되는 쌀이나 보리, 밀 등을 말해.

짝을 이루는 말을 찾아 동그라미 하고, 그 말의 뜻을 보기 에서 찾아 번호를 쓰세요.

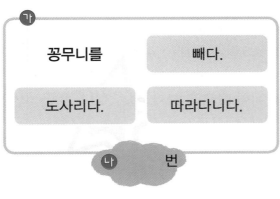

가

꽁무니를   빼다.

도사리다.   따라다니다.

나   번

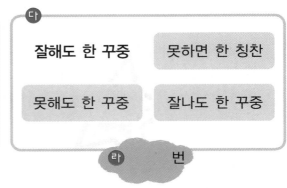

다

잘해도 한 꾸중   못하면 한 칭찬

못해도 한 꾸중   잘나도 한 꾸중

라   번

보기   ① 이익을 바라고 부지런히 바싹 따라다니다.
         ② 일의 잘하고 못하고와 관계없이 덮어놓고 꾸중하다.

35

다음 ㉮~㉱의 ( )에 알맞은 낱말을 보기 에서 찾아 번호를 쓰고, ㉲ 의 질문에 답해 보세요.

문제 개수 5 개

맞은 개수 ⬚ 개

틀린 개수 ⬚ 개

㉮ 가을이 되자 ( )으로 예쁜 코스모스들이 피어났다.

㉯ 늘 ( )만 부리던 내가 부모님의 어깨를 주물러 드리자 매우 기뻐하셨다.

㉰ "민호는 어디에 사니?" "예, 학교 ( )에 살아요."

㉱ 우리말을 못하는 외국인은 영어와 ( )을 섞어 가며 무언가를 설명했다.

㉲ '꽁무니를 따라다니다.'는 어떤 경우에 쓰는 말인지 써 보세요.

➡ _____

보기 ① 말썽 ② 근처 ③ 보리 ④ 몸짓 ⑤ 길섶 ⑥ 꽁무니

총 문제 개수 (25) 개 ┊ 총 맞은 개수 ( ) 개 ┊ 총 틀린 개수 ( ) 개

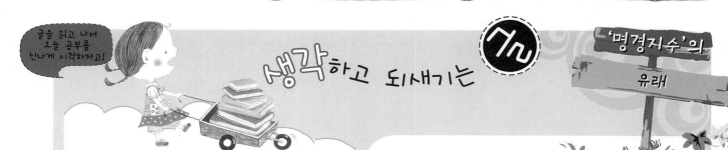

글을 읽고 나서 오늘 공부를 신나게 시작하자고!

생각하고 되새기는 7교시

'명경지수'의 유래

옛날 중국 노나라에 왕태라는 유명한 학자가 있었습니다. 그는 공자와 같은 시대 사람으로, 공자만큼이나 덕망이 매우 높았답니다. 그런데 왕태는 젊었을 적에 형벌을 받아 두 다리를 잃고 앉은뱅이가 되었답니다.

어느 날, 공자의 제자인 상계가 왕태에 대해 불평을 늘어놓았습니다. 앉은뱅이인데 왜 사람들의 존경을 받는지 알 수 없다면서 말이에요. 그러자 공자가 말했습니다.

"그분이 지닌 고요한 마음 때문이니라. 흔들리지 않는 물에 모습을 비추어야, 제 모습을 제대로 볼 수 있다. 그 어른의 마음이 명경지수처럼 맑기 때문에, 다른 사람의 거울이 되어 존경을 받는 것이다."

공자가 왕태의 마음을 비유한 이야기에서 비롯된 '명경지수'는 거울처럼 맑은 물이란 뜻으로, 맑은 물처럼 고요하고 깨끗한 마음을 이를 때 쓰는 말입니다.

07회 머리 풀어 주는 퍼즐

창의사고력 기초 다지기   연상추리력   쑥~

민아는 엄마에게 하고 싶은 말을 칠판에 적었어요. 그런데 친구들의 장난으로 글자가 조금 지워졌어요. 원래 글자는 무엇이었을까요?

낱말이 쏙 생각이 쑥

1 가로세로 낱말 찾기

다음 네모에서 알고 있는 낱말을 찾아 동그라미를 해 보세요.

여기서 찾은 낱말로 2~6 번 문제를 풀어요!

조	약	돌	공	룡	★
기	결	★	항	초	굼
온	정	역	사	대	주
차	그	저	께	장	리
등	불	까	다	롭	다

내가 찾은 낱말 ⬤ 개

2 낱말 뜻 알기

다음 설명이나 그림이 뜻하는 낱말이 무엇인지 빈칸을 채워 보세요.

문제 개수 6 개

맞은 개수 ⬤ 개

틀린 개수 ⬤ 개

㉮ 고르거나 가지런하지 않고 차별이 있음. ⸱⸱⸱⸱⸱⸱⸱⸱⸱⸱⸱⸱⸱⸱ ☐ ☐

㉯ 어제의 전날 ⸱⸱⸱ ☐ ☐ ☐

㉰ 조건 따위가 복잡하거나 엄격하여 다루기에 순탄하지 않다.

⸱⸱ ☐ ☐ 롭 다

㉱
☐ ☐

㉲
☐ ☐ ☐

㉳
☐ ☐

다음에서 비슷한 뜻끼리 짝지어진 것에는 '='로, 반대의 뜻끼리 짝지어진 것에는 '↔'로 나타내거나, 부호에 알맞게 낱말을 채워 보세요.

초청장	=	(가)
까다롭다	(나)	무난하다

온정	(다)	냉정
등불	(라)	등잔불

낱말의 포함 관계에 따라 '<' 또는 '>'로 나타내고, 그림의 위치에 알맞게 낱말을 넣어 보세요.

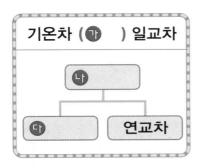

기온차 (가) 일교차

나

다   연교차

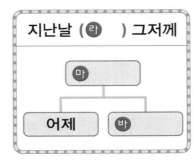

지난날 (라) 그저께

마

어제   바

일교차는 하루 중 가장 낮은 온도와 가장 높은 온도의 차이야.

짝을 이루는 말을 찾아 동그라미 하고, 그 말의 뜻을 보기 에서 찾아 번호를 쓰세요.

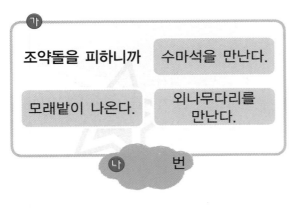

가

조약돌을 피하니까   수마석을 만난다.

모래밭이 나온다.   외나무다리를 만난다.

나   번

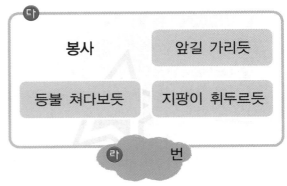

다

봉사   앞길 가리듯

등불 쳐다보듯   지팡이 휘두르듯

라   번

보기

① 일이 점점 더 어렵고 힘들게 되다.
② (비유적으로) 서로 아무 관계 없이 지내다.

다음 ㉮~㉱ 의 ( )에 알맞은 낱말을 보기 에서 찾아 번호를 쓰고, ㉲ 의 질문에 답해 보세요.

문제 개수 5 개

맞은 개수 ⬜ 개

틀린 개수 ⬜ 개

㉮ 일을 많이 한 사람과 적게 한 사람에게 일당을 ( )해서 나눠주기로 했다.

㉯ 그 문제는 초등학생이 풀기에는 많이 ( ) 문제이다.

㉰ 친구가 생일잔치의 ( )을 보내왔다.

㉱ 계속되는 가뭄으로 산에 사는 ( )짐승들이 먹을 것을 찾아 마을로 내려왔다.

㉲ '그저께' 를 넣어 짧은 글을 지어 보세요.

　→ _____

보기 ① 차등 　② 그저께 　③ 까다로운 　④ 초대장 　⑤ 공항 　⑥ 굶주린

총 문제 개수 25 개 ┊ 총 맞은 개수 ◯ 개 ┊ 총 틀린 개수 ◯ 개

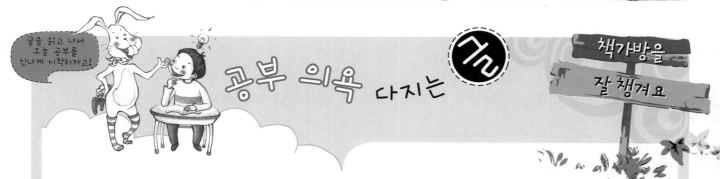

공부 의욕 다지는 7교시

책가방을 잘 챙겨요

　학교에 다녀오면 꼭 해야 하는 일이 하나 있어요. 바로 책가방 챙기기랍니다.

　아침에 정신없이 책가방을 챙기다 보면, 준비물을 꼭 잊기 마련이랍니다. 심지어 교과서를 두고 오는 친구들도 있어요. 교과서가 없고 준비물이 없다면, 수업에 집중할 수 있을까요? 당연히 딴짓을 할 수밖에 없겠지요.

　학교에 다녀오자마자 다음 날 시간표를 확인하세요. 그리고 준비물과 교과서를 미리미리 챙겨 놓으세요. 그러면 엄마에게 칭찬도 받고, 공부도 잘하고, 친구와도 마음 편히 놀 수 있답니다. 다음 날 아침 여유롭게 등교를 할 수 있고, 수업 시간에도 집중할 수 있고 말이에요.

　참! 책가방은 여러분 스스로 챙겨야 한다는 것쯤은 알고 있겠지요? 여러분이 중학생이 될 때까지 부모님이 책가방을 챙겨 줄 수는 없답니다.

08회

머리 풀어 주는 퍼즐

도전 시간	걸린 시간
00 분 15 초	분 초

창의사고력 기초 다지기   판단능력 쑥~

바람 부는 날에 빨래를 널었어요. 빨래가 다음과 같은 모양으로 날린다면 바람은 어느 방향에서 부는 것일까요?

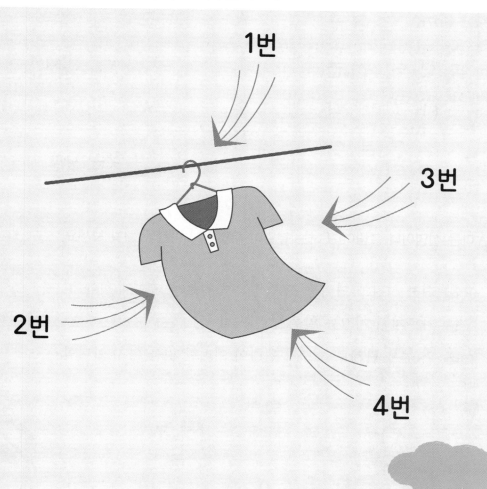

낱말이 쏙 생각이 쑥

도전시간 8 분 00 초
걸린시간 분 초

1 가로세로 낱말 찾기

다음 네모에서 알고 있는 낱말을 찾아 동그라미를 해 보세요.

여기서 찾은 낱말로 2~6번 문제를 풀어요!

선	녀	오	락	지	양
아	술	래	육	하	로
까	용	★	교	도	원
천	돈	오	아	시	스
사	약	속	★	위	험

내가 찾은 낱말  개

2 낱말 뜻 알기

다음 설명이나 그림이 뜻하는 낱말이 무엇인지 빈칸을 채워 보세요.

문제 개수 6 개

맞은 개수 ◯ 개

틀린 개수 ◯ 개

가 쉬는 시간에 여러 가지 방법으로 기분을 즐겁게 하는 일 ········ ☐☐

나 가르쳐서 이끄는 일을 맡은 사람 ·············· ☐☐

다 더 높은 단계로 오르기 위하여 어떠한 것을 하지 아니함········ ☐☐

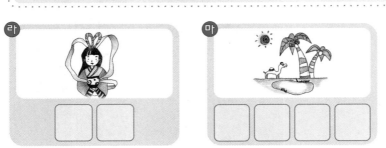

라
☐☐

마
☐☐☐

바
☐☐

3 비슷한 말 반대말 알기

다음에서 비슷한 뜻끼리 짝지어진 것에는 '='로, 반대의 뜻끼리 짝지어진 것에는 '↔'로 나타내거나, 부호에 알맞게 낱말을 채워 보세요.

문제 개수 **4** 개

맞은 개수 ⬚ 개

틀린 개수 ⬚ 개

언약	=	(가)
아까	(나)	조금 전

위험	(다)	안전
지양	(라)	지향

4 큰 말 작은 말 알기

낱말의 포함 관계에 따라 '<' 또는 '>'로 나타내고, 그림의 위치에 알맞게 낱말을 넣어 보세요.

문제 개수 **6** 개

맞은 개수 ⬚ 개

틀린 개수 ⬚ 개

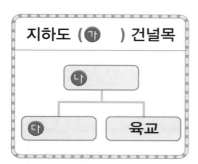

지하도 (가) 건널목

나

다　육교

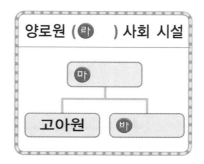

양로원 (라) 사회 시설

마

고아원　바

사회 시설은 사람들의 삶이 보다 안정되도록 관리하는 곳이야.

짝을 이루는 말 찾기

짝을 이루는 말을 찾아 동그라미 하고, 그 말의 뜻을 보기 에서 찾아 번호를 쓰세요.

문제 개수 **4** 개

맞은 개수 ⬚ 개

틀린 개수 ⬚ 개

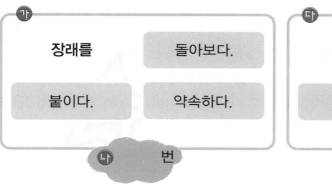

가

장래를　돌아보다.

붙이다.　약속하다.

나　번

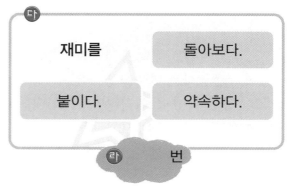

다

재미를　돌아보다.

붙이다.　약속하다.

라　번

보기

① 어떤 일을 좋아하거나 재미를 느끼게 되다.

② 결혼할 것을 언약하다.

43

다음 ㉮~㉲ 의 ( )에 알맞은 낱말을 보기 에서 찾아 번호를 쓰고, ㉼ 의 질문에 답해 보세요.

㉮ 쉬는 시간을 이용하여 친구들과 재미있는 (   )을 하였다.

㉯ 사막의 (   )는 사막을 가로지르는 상인들과 낙타들이 쉬어 가는 곳이다.

㉰ 보다 나은 사회를 위해 잘못된 행동을 (   )하고 옳고 바른 것을 지향해야 한다.

㉱ 공사 중에는 (   )하니 다른 길로 돌아가세요.

㉲ '재미를 붙이다.'를 넣어 짧은 글을 지어 보세요.

➡ ---

보기 ① 오락   ② 지양   ③ 교도원   ④ 선녀   ⑤ 오아시스   ⑥ 위험

총 문제 개수 25 개 │ 총 맞은 개수 (   )개 │ 총 틀린 개수 (   )개

글을 읽고 나서 오늘 공부를 신나게 시작하자고!

상식 쑥쑥 키우는 42

착한 여행을 떠나요

　　해외여행을 계획 중이라면, '착한 여행'은 어떨까요? '착한 여행'이란 그 나라 사람들을 배려하고 존중하는 여행을 말하는데, '공정 여행'이라고도 한답니다.

　　'공정 여행'을 즐기려면, 우선 대형 리조트 대신 현지인이 운영하는 숙소를 이용해야 해요. 왜냐하면 대부분의 대형 리조트는 대기업의 소유이기 때문이랍니다. 또한 짐꾼들에게 정당한 임금을 주어야 해요. 짐꾼들은 무거운 짐을 들어 주고 받은 대가로 생활을 하거든요. 일만 시키고 돈을 주지 않는다면 잘못된 행동이지요.

　　우리나라의 한 단체에서는 중국, 태국, 베트남, 인도네시아 등의 나라를 여행한 뒤, 그곳의 책을 한 권씩 사 오자는 운동을 벌이기도 했어요. 우리나라의 다문화 가정이 볼 수 있는 책을 기증하기 위해서랍니다.

　　여행도 즐기고, 문화도 알고, 기부도 하고 1석 3조의 '착한 여행'을 떠나 보세요.

09회 머리 풀어 주는 퍼즐

도전 시간	걸린 시간
00 분 15 초	분 초

창의사고력 기초 다지기 정보처리능력 쑥~

다음은 승철이와 형은이의 집 전화번호예요. 둘 중 누구의 집 전화번호에 홀수가 많이 들어 있나요?

승철이네	○53-473-927○
형은이네	○62-714-3615

낱말이 쏙 생각이 쑥

1 가로세로 낱말 찾기

다음 네모에서 알고 있는 낱말을 찾아 동그라미를 해 보세요.

여기서 찾은 낱말로 2~6 번 문제를 풀어요!

공	중	진	나	계	프
함	박	눈	뭇	곡	로
싸	고	깨	더	꼬	펠
리	드	비	미	맹	러
눈	름	글	라	이	더

내가 찾은 낱말 ⬭ 개

2 낱말 뜻 알기

다음 설명이나 그림이 뜻하는 낱말이 무엇인지 빈칸을 채워 보세요.

문제 개수 6 개

맞은 개수 ⬭ 개

틀린 개수 ⬭ 개

㉮ 하늘과 땅 사이의 빈 곳 ······················· ☐ ☐

㉯ 비가 섞여 내리는 눈 ······················· ☐ ☐ ☐ ☐

㉰ 물이 흐르는 골짜기 ······················· ☐ ☐

㉱  ☐ ☐ 더 미

㉲  ☐ ☐ ☐ ☐

㉳  ☐ ☐ ☐

46

비슷한 말 반대말 알기

다음에서 비슷한 뜻끼리 짝지어진 것에는 '='로, 반대의 뜻끼리 짝지어진 것에는 '↔'로 나타내거나, 부호에 알맞게 낱말을 채워 보세요.

어른	↔	(㉮)
더미	(㉯)	덩어리

글라이더	(㉰)	활공기
프로펠러	(㉱)	추진기

큰 말 작은 말 알기

낱말의 포함 관계에 따라 '<', 또는 '>'로 나타내고, 그림의 위치에 알맞게 낱말을 넣어 보세요.

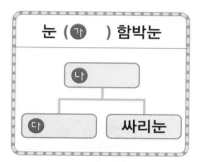

눈 (㉮) 함박눈

㉯

㉰   싸리눈

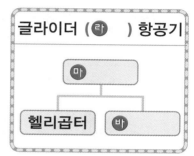

글라이더 (㉱) 항공기

㉲

헬리곱터   ㉳

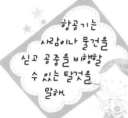

항공기는 사람이나 물건을 싣고 공중을 비행할 수 있는 탈것을 말해.

짝을 이루는 말 찾기

짝을 이루는 말을 찾아 동그라미 하고, 그 말의 뜻을 보기 에서 찾아 번호를 쓰세요.

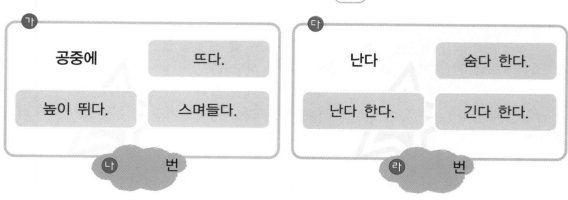

㉮

공중에   뜨다.

높이 뛰다.   스며들다.

㉯   번

㉰

난다   숨다 한다.

난다 한다.   긴다 한다.

㉱   번

보기   ① 재주나 능력이 남보다 뛰어나다.
      ② 물건의 수량 따위가 계산 결과 모자라거나 없어지다.

다음 ㉮~㉣의 ( )에 알맞은 낱말을 보기 에서 찾아 번호를 쓰고, ㉤ 의 질문에 답해 보세요.

㉮ 가족들과 함께 ( )으로 물놀이를 가기로 하였다.

㉯ 눈이 녹아 처마 밑으로 ( )이 되었다.

㉰ ( )이 펑펑 내려 마당 가득 쌓였다.

㉱ 곡예사가 ( )으로 높이 솟아 재주를 넘었다.

㉲ '진눈깨비'를 넣어 짧은 글을 지어 보세요.

➜ _____

보기 ① 공중 ② 계곡 ③ 고드름 ④ 글라이더 ⑤ 함박눈 ⑥ 진눈깨비

총 문제 개수 25 개 | 총 맞은 개수 ◯ 개 | 총 틀린 개수 ◯ 개

글을 읽고 나서 오늘 공부를 신나게 시작하자고!

마음에 힘이 되는 글

긍정적인 생각, 긍정적인 결과

  여러분이 신나게 달리기를 해서 목이 너무 말랐어요. 물을 마시려고 물병을 번쩍 드니 물이 반쯤 남아 있다면 여러분은 무슨 생각을 하나요?
  어떤 친구는 "어! 목이 마른데, 물이 반밖에 없잖아." 하기도 하고, 또 다른 친구는 "와! 물이 반 병이나 있네. 목이 탔는데, 잘되었다."라고 생각하기도 할 거예요. '물이 반밖에 없다.'고 생각한 친구는 부정적인 생각을, '물이 반이나 있다.'고 생각한 친구는 긍정적인 생각을 하는 친구랍니다.
  두 친구 모두 같은 양의 물을 마시게 돼요. 하지만 물을 마시고 난 뒤의 느낌은 아마 굉장히 다를 거예요. 부정적인 생각을 향한 친구는 더 목이 탈 것이고, 긍정적인 생각을 한 친구는 갈증이 해소된 것처럼 느껴질 테니까요. 이런 결과를 가져오는 이유는, 바로 생각의 차이 때문이랍니다. 긍정적인 생각을 많이 할수록, 긍정적인 결과를 가져올 수 있답니다.

48

10회

머리 풀어 주는 퍼즐

도전 시간	걸린 시간
00 분 10 초	분 초

창의사고력 기초 다지기 계산능력 쑥~

희진이가 아버지 생신 케이크에 초를 꽂았어요. 케이크를 보고 희진이 아버지의 연세를 맞혀 보세요.(긴 초는 열 살, 짧은 초는 한 살을 나타내요.)

세

낱말이 쏙 생각이 쑥

1 가로세로 낱말 찾기

다음 네모에서 알고 있는 낱말을 찾아 동그라미를 해 보세요.

여기서 찾은 낱말로 2~6번 문제를 풀어요!

응	전	광	질	서	자
원	쟁	복	병	당	랑
태	한	꺼	번	에	거
도	처	리	장	의	리
차	례	차	례	논	★

내가 찾은 낱말 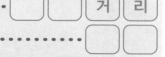 개

2 낱말 뜻 알기

다음 설명이나 그림이 뜻하는 낱말이 무엇인지 빈칸을 채워 보세요.

문제 개수 6 개

맞은 개수 ◯ 개

틀린 개수 ◯ 개

㉮ 자기와 관계있는 일이나 물건으로 남에게 드러내어 뽐낼 만한 거리
⋯⋯⋯⋯⋯⋯⋯⋯⋯⋯⋯⋯⋯⋯⋯⋯⋯⋯⋯ ☐ ☐ 거 리

㉯ 곳곳, 가는 곳, 이르는 곳⋯⋯⋯⋯⋯⋯⋯⋯⋯⋯⋯ ☐ ☐

㉰ 기습하기 위하여 적이 지날 만한 길목에 군사를 숨김. 또는 그 군사
⋯⋯⋯⋯⋯⋯⋯⋯⋯⋯⋯⋯⋯⋯⋯⋯⋯⋯⋯⋯⋯⋯ ☐ ☐

㉱
☐ ☐

㉲
☐ ☐

㉳
☐ ☐

비슷한 말
반대말 알기

다음에서 비슷한 뜻끼리 짝지어진 것에는 '='로, 반대의 뜻끼리 짝지어진 것에는 '↔'로 나타내거나, 부호에 알맞게 낱말을 채워 보세요.

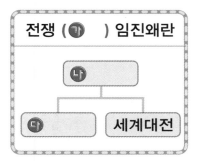

| 차례차례 | ↔ | (가) |
| 전쟁 | (나) | 평화 |

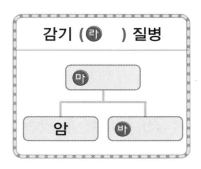

| 질병 | (다) | 질환 |
| 태도 | (라) | 자세 |

큰 말
작은 말 알기

낱말의 포함 관계에 따라 '<', 또는 '>'로 나타내고, 그림의 위치에 알맞게 낱말을 넣어 보세요.

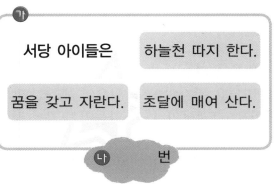

전쟁 (가) 임진왜란

나

다   세계대전

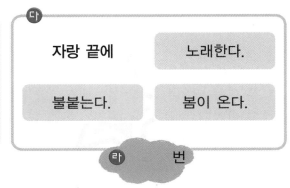

감기 (라) 질병

마

암   바

전쟁은 국가와 국가 간에 싸움을 하는 거야.

짝을 이루는
말 찾기

짝을 이루는 말을 찾아 동그라미 하고, 그 말의 뜻을 보기 에서 찾아 번호를 쓰세요.

가

| 서당 아이들은 | 하늘천 따지 한다. |
| 꿈을 갖고 자란다. | 초달에 매여 산다. |

나   번

다

| 자랑 끝에 | 노래한다. |
| 불붙는다. | 봄이 온다. |

라   번

보기

① 서당 아이들은 훈장의 회초리로 다스려진다. 벌이 엄해야 비로소 질서가 잡힌다.
② 너무 자랑하면 그 끝에 말썽이나 화가 생기게 마련이다.

6 낱말 활용하기

다음 ㉮~㉣의 ( )에 알맞은 낱말을 보기에서 찾아 번호를 쓰고, ㉤의 질문에 답해 보세요.

문제 개수 **5** 개

맞은 개수 ⬭ 개

틀린 개수 ⬭ 개

㉮ 산기슭에 ( )을 숨겨 두고 적이 지나가기를 기다리고 있었다.

㉯ 공사장에는 위험한 물건이 ( )에 널려 있으니 항상 조심해야 한다.

㉰ 지금까지 학교에서 받아 온 상이 나의 가장 큰 ( )이다.

㉱ 양식은 수프부터 시작해서 음식이 ( ) 나오고 한식은 모든 음식이 ( ) 나온다.

㉤ '자랑 끝에 불붙는다.'는 어떤 경우에 쓰는 말인지 써 보세요.

➡ _____

보기
① 자랑거리 ② 복병 ③ 도처 ④ 차례차례 ⑤ 한꺼번에 ⑥ 전쟁

총 문제 개수 ⟨25⟩ 개 │ 총 맞은 개수 ◯ 개 │ 총 틀린 개수 ◯ 개

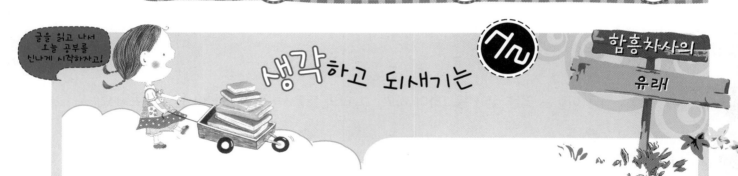

생각하고 되새기는 ㄱㄴ

함흥차사의 유래

글을 읽고 나서 오늘 공부를 신나게 시작하자고!

조선을 세운 태조 이성계는 방석에게 왕위를 물려주려 했습니다. 아버지를 도와 조선을 세운 아들 방원은 무척 섭섭했습니다. 결국, 방원은 왕자의 난을 일으켜 세자인 방석을 제거하고 말았답니다. 이에 태조는 몹시 화가 났어요. 그래서 또 다른 아들인 방과를 정종으로 앉힌 후, 함흥으로 가 버렸답니다.

그로부터 2년 후, 태종으로 왕위에 오른 방원은 아버지의 마음을 풀고 싶었습니다. 그래서 태조가 있는 함흥으로 차사를 보냈는데, 단 한 명도 한양으로 돌아오지 않았답니다. 태조가 차사들을 모두 죽였기 때문이에요.

이때부터 사람들은 심부름을 가서 아무 소식도 없이 돌아오지 않은 것을 두고 '함흥차사(咸興差使)'라고 했답니다.

머리 풀어 주는 퍼즐

공부를 시작할 때도
준비운동이 필요하다고!
하나둘 하나둘

도전 시간	걸린 시간
00 분 10 초	분 초

창의사고력 기초 다지기 주의집중력 쑥~

그림을 잘 보고, 모양이 다른 것을 찾아 동그라미 해 보세요.

낱말이 쏙 생각이 쑥

1 가로세로 낱말 찾기

다음 네모에서 알고 있는 낱말을 찾아 동그라미를 해 보세요.

여기서 찾은 낱말로 2~6번 문제를 풀어요!

대	문	단	땀	방	울
표	어	게	으	름	너
말	썽	꾸	러	기	그
다	등	줄	기	★	럽
틈	잔	날	카	롭	다

내가 찾은 낱말 ◯ 개

2 낱말 뜻 알기

다음 설명이나 그림이 뜻하는 낱말이 무엇인지 빈칸을 채워 보세요.

문제 개수 6 개

맞은 개수 ◯ 개

틀린 개수 ◯ 개

가 글에서 하나로 묶을 수 있는 짧막한 단위 ············· ☐☐

나 주의, 주장, 강령 따위를 간결하게 나타낸 짧은 어구 ········· ☐☐

다 마음이 넓고 아량이 있다. ················· ☐☐ 럽 다

라
☐☐☐

마
☐☐☐

바
☐☐☐

다음에서 비슷한 뜻끼리 짝지어진 것에는 '='로, 반대의 뜻끼리 짝지어진 것에는 '↔'로 나타내거나, 부호에 알맞게 낱말을 채워 보세요.

관대하다	=	(가)
게으름	(나)	부지런함

말다툼	(다)	언쟁
날카롭다	(라)	무디다

낱말의 포함 관계에 따라 '<' 또는 '>'로 나타내고, 그림의 위치에 알맞게 낱말을 넣어 보세요.

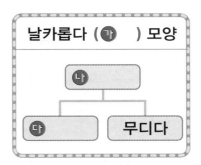

날카롭다 (가) 모양

나

다   무디다

글 (라) 문단

마

문장   바

문장이 모여 문단을 이루고 문단은 모여 글을 이루게 돼.

짝을 이루는 말을 찾아 동그라미 하고, 그 말의 뜻을 [보기]에서 찾아 번호를 쓰세요.

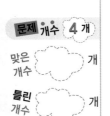

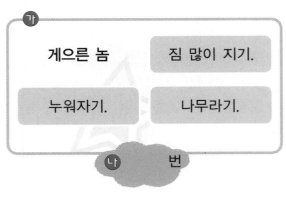

가

게으른 놈   짐 많이 지기.

누워자기.   나무라기.

나   번

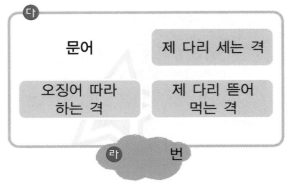

다

문어   제 다리 세는 격

오징어 따라 하는 격   제 다리 뜯어 먹는 격

라   번

보기

① (비유적으로) 제 패거리끼리 서로 헐뜯고 비방하다.

② (빈정대며 이르는 말로) 능력도 없으면서 일에 대한 욕심이 지나치게 많다.

다음 ②~④ 의 ( )에 알맞은 낱말을 보기 에서 찾아 번호를 쓰고, ⑪ 의 질문에 답해 보세요.

② 제가 잘못했습니다. 부디 ( ) 마음으로 용서해 주십시오.

④ 축구 시합을 마친 선수들의 이마에 ( )이 맺혔다.

④ 사또가 박서방을 노려보자 그의 ( )에는 식은땀이 흘러내렸다.

④ '자나 깨나 불조심 꺼진 불도 다시 보자.'는 불조심을 강조하는 ( )이다.

⑪ '문어 제 다리 뜯어먹는 격'은 어떤 경우에 쓰는 말인지 써 보세요.

→ _____

보기   ① 문단   ② 표어   ③ 너그러운   ④ 등줄기   ⑤ 땀방울   ⑥ 말다툼

총 문제 개수 (25) 개 : 총 맞은 개수 ( ) 개 : 총 틀린 개수 ( ) 개

세 달 만에 학교에서 쫓겨난 에디슨. 그에게 재미난 이야기가 하나 있답니다.

에디슨이 학교 수업에서 처음 배운 것은 수학이었어요. 선생님이 '1+1=2'라고 하자, 에디슨은 이상했어요. 1+1은 2가 아니라고 생각했거든요. 왜냐하면 찰흙 덩어리 두 개를 합하면 한 개가 되고, 물방울 두 개를 합하면 하나가 되니까 말이에요. 결국, 선생님은 자신의 생각을 굽히지 않는 에디슨을 바보라고 생각했어요. 그래서 학교를 그만두라고 말했답니다.

그럼, 어떻게 에디슨이 발명왕이 될 수 있었을까요? 바로 책 덕분이에요. 에디슨의 어머니는 학교에서 쫓겨난 에디슨에게 많은 책들을 읽어 주었어요. 이해하기 힘든 어려운 책들도 즐겁게 읽어주었답니다. 그리고 커서는 도서관의 책을 몽땅 읽을 만큼 독서광이 되었답니다. 훗날, 에디슨은 독서를 통해 많은 발명 아이디어를 얻었다고 말했어요.

여러분도 많은 책을 읽어 보세요. 책을 통해, 내가 하고 싶은 일과 해야 할 공부를 자연스럽게 알게 될 테니 말이에요.

머리 풀어 주는 퍼즐

도전 시간	걸린 시간
00 분 10 초	분 초

창의사고력 기초 다지기 연상추리력 쑥~

그림의 ? 부분에 가장 잘 어울리는 신발은 무엇일까요?

❶

❷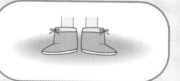

❸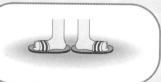

❹

번

날말이 쏙 생각이 쑥

1 가로세로 낱말 찾기

다음 네모에서 알고 있는 낱말을 찾아 동그라미를 해 보세요.

여기서 찾은 낱말로 2~6번 문제를 풀어요!

협	동	★	전	환	경
정	물	화	용	절	슬
앙	값	음	도	기	기
확	인	★	로	★	롭
볼	품	성	급	하	다

내가 찾은 낱말 ⬤ 개

2 낱말 뜻 알기

다음 설명이나 그림이 뜻하는 낱말이 무엇인지 빈칸을 채워 보세요.

문제 개수 6 개

맞은 개수 개

틀린 개수 개

가 정부가 어떤 사항에 관하여 다른 나라의 정부와 약정을 맺음. 그 약정 ☐ ☐

나 남이 자기에게 해를 준 대로 자기도 다른 사람에게 해를 줌 ·· ☐ ☐

다 일을 바르게 판단하고 잘 처리해 나가는 능력이 있다. ☐ ☐ 롭 다

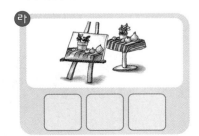
☐ ☐ ☐

☐ ☐ 도 로

환 ☐ ☐

다음에서 비슷한 뜻끼리 짝지어진 것에는 '='로, 반대의 뜻끼리 짝지어진 것에는 '↔'로 나타내거나, 부호에 알맞게 낱말을 채워 보세요.

문제 개수 4 개

맞은 개수 ⬚ 개

틀린 개수 ⬚ 개

복수	=	(가)
확인	(나)	미확인

볼품	(다)	겉모습
성급하다	(라)	느긋하다

낱말의 포함 관계에 따라 '<', 또는 '>'로 나타내고, 그림의 위치에 알맞게 낱말을 넣어 보세요.

문제 개수 6 개

맞은 개수 ⬚ 개

틀린 개수 ⬚ 개

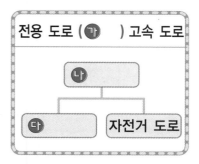

전용 도로 (가) 고속 도로

나

다 | 자전거 도로

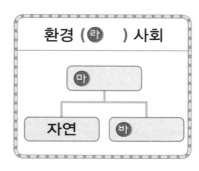

환경 (라) 사회

마

자연 | 바

고속도로는 오직 자동차만 다닐 수 있는 자동차 전용도로야.

짝을 이루는 말을 찾아 동그라미 하고, 그 말의 뜻을 보기 에서 찾아 번호를 쓰세요.

문제 개수 4 개

맞은 개수 ⬚ 개

틀린 개수 ⬚ 개

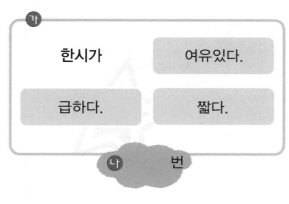

가

한시가 | 여유있다.

급하다. | 짧다.

나 번

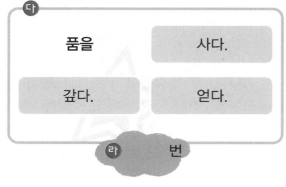

다

품을 | 사다.

갚다. | 얻다.

라 번

보기

① 매우 급하다.

② 남에게 받은 품을 돌려주기 위하여 상대에게 품을 제공하다.

6 낱말 활용하기

다음 가 ~ 라 의 ( )에 알맞은 낱말을 보기 에서 찾아 번호를 쓰고, 마 의 질문에 답해 보세요.

문제 개수 5 개

맞은 개수 ☁ 개

틀린 개수 ☁ 개

가 전쟁이 계속되자 두 나라는 싸움을 멈출 것을 약속하는 휴전(   )을 맺었다.

나 고흐가 그린 해바라기는 꽃을 보고 그린(   ) 중 대표적인 것이다.

다 구렁이는 나그네가 남편 구렁이를 죽인 것에 대한 (   )을 하러 나타났다.

라 얼룩을 이용해 포도 그림을 그린 것으로 신사임당의 (   )을 엿볼 수 있다.

마 '한시가 급하다.'를 넣어 짧은 글을 지어 보세요.

→ _____

보기 ① 슬기로움   ② 협정   ③ 앙갚음   ④ 정물화   ⑤ 환절기   ⑥ 확인

총 문제 개수 25 개 | 총 맞은 개수 ◯ 개 | 총 틀린 개수 ◯ 개

글을 읽고 나서 오늘 공부를 신나게 시작하자고!

상식 쑥쑥 키우는 상식 다른 나라의 동전은 어떤 모양일까?

옛날 중국에 진시황이라는 황제가 살았어요. 그는 세상을 바라보며, '하늘은 둥글고 땅은 모나다.'고 생각했답니다. 진시황의 이런 생각은 동전에도 그대로 담기게 되었어요. 동전의 모양을 '겉은 둥글게 하고 중앙에 네모난 구멍'이 있는 모양으로 만들도록 하였거든요.

이때부터 동양의 동전들은 둥근 모양을 하게 되었답니다. 우리나라 고려의 해동통보와 조선의 상평통보도 동그란 원형에 네모난 구멍이 가운데 뚫려 있어요. 오늘날 사용하는 10원, 50원, 100원 그리고 500원 동전들도 모두 동그란 모양이랍니다.

하지만 세상 모든 동전이 동그란 것은 아니요. 파키스탄의 5파이사는 사각형, 10파이사는 십이각형이랍니다. 미얀마의 25파는 육각형, 인도의 2루피는 십일각형이에요. 그리고 영국의 20펜스와 50펜스는 칠각형, 캐나다의 1센트는 십이각형, 1달러는 십일각형이랍니다.

모양은 서로 다르지만, 모두 짤랑짤랑 소리를 내는 동전이랍니다.

13회

머리 풀어 주는 퍼즐

도전 시간	걸린 시간
00 분 10 초	분 초

창의사고력 기초 다지기 판단 능력 쑥~

다음 과일 중 빨간색이 들어 있지 않은 과일은 무엇일까요?

❶

❷

❸

❹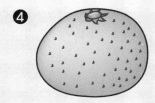

번

날말이 쏙 생각이 쑥

도전시간 | 9 분 | 00 초
걸린시간 | 분 | 초

1 가로세로 낱말 찾기

다음 네모에서 알고 있는 낱말을 찾아 동그라미를 해 보세요.

여기서 찾은 낱말로 2~6번 문제를 풀어요!

햇	기	원	식	입	춘
곡	덕	담	혜	경	칩
식	묵	단	★	음	화
보	은	오	양	력	려
새	해	보	름	달	한

내가 찾은 낱말 ⬭ 개

2 낱말 뜻 알기

다음 설명이나 그림이 뜻하는 낱말이 무엇인지 빈칸을 채워 보세요.

문제 개수 6 개

맞은 개수 ⬭ 개

틀린 개수 ⬭ 개

㉮ 지난해를 새해에 상대하여 이르는 말 ⋯⋯⋯⋯ ☐ ☐ 해

㉯ 그해에 새로 난 곡식 ⋯⋯⋯⋯⋯⋯⋯⋯⋯⋯⋯⋯⋯ ☐ ☐ ☐

㉰ 남이 잘되기를 비는 말. 주로 새해에 많이 나눈다. ⋯⋯⋯ ☐ ☐

㉱  ☐ ☐

㉲  ☐ ☐

㉳  ☐ ☐

다음에서 비슷한 뜻끼리 짝지어진 것에는 '='로, 반대의 뜻끼리 짝지어진 것에는 '↔'로 나타내거나, 부호에 알맞게 낱말을 채워 보세요.

악담	↔	(㉮)
식혜	(㉯)	감주

묵은해	(㉰)	새해
화려한	(㉱)	초라한

낱말의 포함 관계에 따라 '<' 또는 '>'로 나타내고, 그림의 위치에 알맞게 낱말을 넣어 보세요.

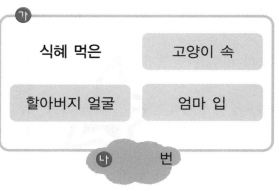

절기 (㉮) 경칩

㉯

㉰ | 하지

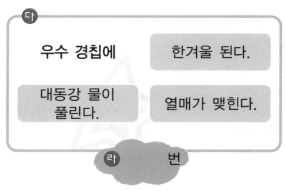

말 (㉱) 덕담

㉲

악담 | ㉳

절기는 한해를 스물넷으로 나눈, 계절의 표준이 되는 때야.

짝을 이루는 말을 찾아 동그라미 하고, 그 말의 뜻을 보기 에서 찾아 번호를 쓰세요.

㉮
식혜 먹은 | 고양이 속
할아버지 얼굴 | 엄마 입
㉯ 번

㉰
우수 경칩에 | 한겨울 된다.
대동강 물이 풀린다. | 열매가 맺힌다.
㉱ 번

보기
① 우수와 경칩을 지나면 아무리 춥던 날씨도 누그러진다.
② (비유적으로) 죄를 짓고 그것이 탄로날까 봐 근심하다.

6 낱말 활용하기

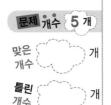

문제 개수 **5** 개

맞은 개수 ⬭ 개

틀린 개수 ⬭ 개

다음 가 ~ 라 의 ( )에 알맞은 낱말을 보기 에서 찾아 번호를 쓰고, 마 의 질문에 답해 보세요.

> 가 추석에는 그해 거둬들인 ( )으로 송편을 빚어 차례를 지낸다.
>
> 나 ( )는 지나고 새해가 밝았습니다.
>
> 다 명절이 되자 마을 사람들은 음식과 ( )을 나누며 함께 기뻐했습니다.
>
> 라 ( ) 드레스를 입고 등장하는 신데렐라의 모습에 사람들의 시선이 모였습니다.
>
> 마 '식혜 먹은 고양이 속'은 어떤 경우에 쓰는 말인지 써 보세요.
>
> →_____

보기 ① 햇곡식   ② 덕담   ③ 묵은해   ④ 경칩   ⑤ 화려한   ⑥ 식혜

총 문제 개수 (25) 개   총 맞은 개수 ( ) 개   총 틀린 개수 ( ) 개

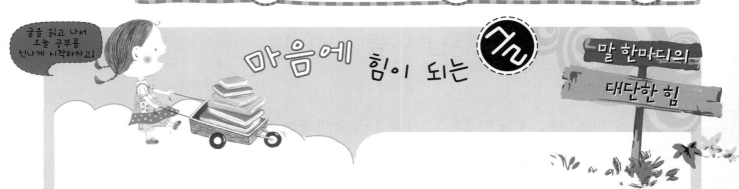

글을 읽고 나서 오늘 공부를 신나게 시작하자고!

마음에 힘이 되는

말 한마디의 대단한 힘

   민혁이는 정말 기분이 엉망이었어요. 수학 시험을 망쳤거든요. 엄마랑 아빠에게 100점을 받을 거라고 큰소리를 뻥뻥 쳤는데 말이에요. 어깨를 축 늘어뜨리고 걷는데, 단짝 친구 혁재가 다가왔어요. 그러고는 "기운내! 다음에는 정말 100점 받을 수 있을 거야."라고 말해 주었어요. 민혁이는 혁재의 격려에 기분이 좋아졌어요. 그리고 정말로 다음에 100점을 받을 수 있을 것 같았답니다.

   말 한마디의 힘은 대단한 거예요. 때로는 희망과 행복을 불러오기도 하고, 때로는 슬픔과 화를 가져오기도 하니까요. 여러분도 혁재가 되어 보세요. 꼭 친구가 아니더라도 엄마와 아빠 혹은 동생에게 웃음을 가져오는 말 한마디를 건네 보세요. 상대방의 미소를 보며, 여러분도 함께 행복해진답니다.

머리 풀어 주는 퍼즐

도전 시간	걸린 시간
00 분 15 초	분 초

창의사고력 기초 다지기   정보처리능력 쏙~

모양에 따라 다음과 같은 규칙이 있을 때, 공은 어디로 나올까요?

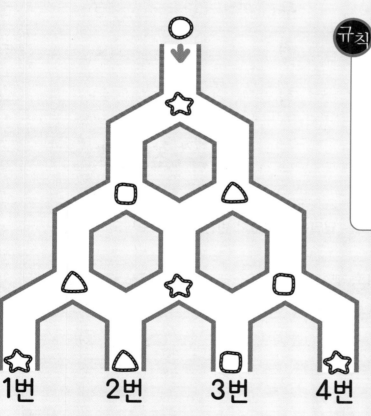

규칙

☆에서는 △로만 갈 수 있어요.

▢에서는 ☆, ▢로만 갈 수 있어요.

△에서는 ☆, △로만 갈 수 있어요.

번

낱말이 쏙 생각이 쑥

1 가로세로 낱말 찾기

다음 네모에서 알고 있는 낱말을 찾아 동그라미를 해 보세요.

여기서 찾은 낱말로 2~6번 문제를 풀어요!

행	동	관	심	마	니
실	★	경	작	비	차
천	상	투	연	말	분
보	온	병	초	★	하
다	짐	침	착	하	다

내가 찾은 낱말 ☁ 개

2 낱말 뜻 알기

다음 설명이나 그림이 뜻하는 낱말이 무엇인지 빈칸을 채워 보세요.

문제 개수 6 개

맞은 개수 ☁ 개

틀린 개수 ☁ 개

㉮ 생각한 바를 실제로 행함. .... ☐ ☐

㉯ 땅을 갈아서 농사를 지음. .... ☐ ☐

㉰ 마음이 가라앉아 조용하다. .... 차 ☐ ☐ 다

㉱ 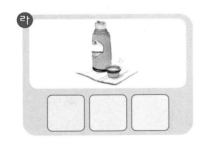 ☐ ☐ ☐

㉲  ☐ ☐ ☐

㉳  ☐ ☐

비슷한 말
반대말 알기

문제 개수 4 개

맞은 개수 □ 개

틀린 개수 □ 개

다음에서 비슷한 뜻끼리 짝지어진 것에는 '='로, 반대의 뜻끼리 짝지어진 것에는 '↔'로 나타내거나, 부호에 알맞게 낱말을 채워 보세요.

행실	=	(가)
경작	(나)	농작

연말	(다)	연초
침착하다	(라)	경솔하다

큰 말
작은 말 알기

문제 개수 6 개

맞은 개수 □ 개

틀린 개수 □ 개

낱말의 포함 관계에 따라 '<' 또는 '>'로 나타내고, 그림의 위치에 알맞게 낱말을 넣어 보세요.

사람 (가) 심마니

나

다 | 땅꾼

연말 (라) 연중

마

연초 | 바

땅꾼이란 뱀을 잡아 파는 사람을 말해

짝을 이루는
말 찾기

문제 개수 4 개

맞은 개수 □ 개

틀린 개수 □ 개

짝을 이루는 말을 찾아 동그라미 하고, 그 말의 뜻을 보기 에서 찾아 번호를 쓰세요.

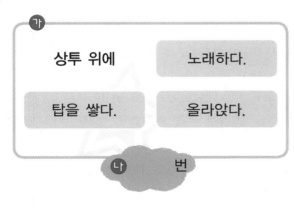

가

상투 위에 / 노래하다.

탑을 쌓다. / 올라앉다.

나 번

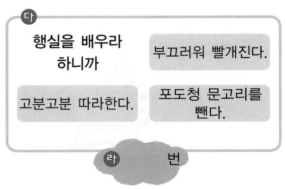

다

행실을 배우라 하니까 / 부끄러워 빨개진다.

고분고분 따라한다. / 포도청 문고리를 뺀다.

라 번

보기

① 품행을 바르게 하라고 하였더니 오히려 못된 짓을 하다.
② 상대를 만만하게 보고 기어오르는 행동을 하다.

67

6 낱말 활용하기

다음 ㉮~㉱의 ( )에 알맞은 낱말을 보기 에서 찾아 번호를 쓰고, ㉲ 의 질문에 답해 보세요.

문제 개수 **5** 개

맞은 개수 〔 〕 개

틀린 개수 〔 〕 개

㉮ 혜경이는 무대에서도 당황하지 않고 ( ) 모습으로 연주를 시작했다.

㉯ 삼을 캐러 나선 ( )는 산삼을 발견하고는 크게 "심 봤다!"를 외쳤다.

㉰ 계획이 아무리 많으면 뭐하니? 단 하나라도 ( )을 해야지.

㉱ 차가 식지 않도록 ( )에 담아 아버지께 드렸다.

㉲ '상투 위에 올라앉다.'는 어떤 경우에 쓰는 말인지 써 보세요.

→ _____

보기 ① 실천 ② 경작 ③ 차분한 ④ 보온병 ⑤ 심마니 ⑥ 연말

총 문제 개수 (25) 개 │ 총 맞은 개수 ◯ 개 │ 총 틀린 개수 ◯ 개

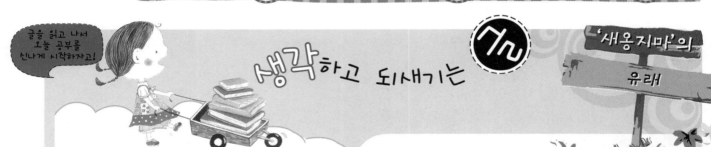

글을 읽고 나서 오늘 공부를 신나게 시작하자고!

생각하고 되새기는 72

'새옹지마'의 유래

옛날 중국의 어느 국경 마을에 한 노인이 살고 있었답니다. 노인은 점을 잘 치기로 마을에서 유명했답니다. 어느 날 노인이 아끼던 말 한 마리가 국경 너머로 사라지고 말았어요. 사람들은 노인을 위로했지만, 오히려 노인은 그 말이 복을 가져올 거라며 기뻐했답니다. 얼마 후, 사라진 말이 다른 말 한 마리와 함께 나타났어요. 사람들은 말 한 마리가 더 생겼다며 축하했지만, 노인은 나쁜 일이 일어날 거라며 조금도 기뻐하지 않았어요.

그런데 정말 나쁜 일이 일어나고 말았답니다. 노인의 아들이 말을 타다가 떨어져 다리를 다친 거예요. 사람들은 노인을 위로했지만, 이번에도 노인은 기뻐했어요. 일 년 후 전쟁이 일어났답니다. 마을의 많은 젊은이들이 전쟁터에서 죽었어요. 하지만 노인의 아들은 다리를 다치는 바람에 전쟁터에 끌려 나가지 않아 목숨을 구했답니다.

'새옹지마(塞翁之馬)'란 변방에 사는 노인의 말이란 뜻으로, 좋고 나쁜 일 또는 재물과 복을 얻는 일은 항상 바뀌기 때문에 어떤 일이 일어날지는 알 수 없다는 의미로 쓰인답니다.

도전 시간	걸린 시간
00 분 15 초	분 초

창의사고력 기초 다지기 계산능력 쑥~

이번 달 3일은 내 생일이에요. 친구 승현이는 나보다 10일 더 늦게 태어났어요. 승현이의 생일은 언제일까요? 달력에 동그라미 해 보세요.

일	월	화	수	목	금	토
	1	2	③ 내 생일	4	5	6
7	8	9	10	11	12	13
14	15	16	17	18	19	20
21	22	23	24	25	26	27
28	29	30				

낱말이 쏙 생각이 쑥

1 가로세로 낱말 찾기

다음 네모에서 알고 있는 낱말을 찾아 동그라미를 해 보세요.

여기서 찾은 낱말로 2~6번 문제를 풀어요!

모	래	밭	둑	작	살
부	쩍	심	술	달	붙
몸	집	가	랑	비	이
무	턱	대	고	난	는
게	미	닫	이	민	개

내가 찾은 낱말   개

2 낱말 뜻 알기

다음 설명이나 그림이 뜻하는 낱말이 무엇인지 빈칸을 채워 보세요.

문제 개수 6 개

맞은 개수   개

틀린 개수   개

가 밭과 밭 사이의 경계를 이루거나 밭가에 둘려 있는 둑 ·········· ☐ ☐

나 혈육으로 볼 때 가까운 사람. 보통 부모와 자식의 관계에서 씀.

·········· ☐ ☐ ☐

다 안개보다는 조금 굵고 이슬비보다는 가는 비 ·········· ☐ ☐

라

☐ ☐ ☐

마

☐ ☐ ☐

바

☐ ☐

3 비슷한 말 반대말 알기

다음에서 비슷한 뜻끼리 짝지어진 것에는 '='로, 반대의 뜻끼리 짝지어진 것에는 '↔'로 나타내거나, 부호에 알맞게 낱말을 채워 보세요.

체중	=	(가)		살붙이	(다)	피붙이
작달비	(나)	장대비		무턱대고	(라)	계획적으로

4 큰 말 작은 말 알기

낱말의 포함 관계에 따라 '<' 또는 '>'로 나타내고, 그림의 위치에 알맞게 낱말을 넣어 보세요.

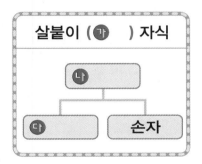

살붙이 (가) 자식

나

다   손자

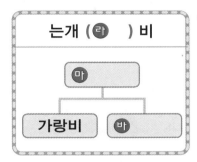

는개 (라) 비

마

가랑비   바

살붙이는 아주 가까운 혈육을 말해.

5 짝을 이루는 말 찾기

짝을 이루는 말을 찾아 동그라미 하고, 그 말의 뜻을 보기 에서 찾아 번호를 쓰세요.

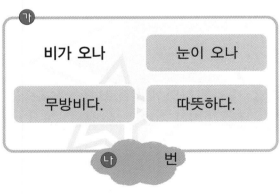

가

비가 오나   눈이 오나

무방비다.   따뜻하다.

나   번

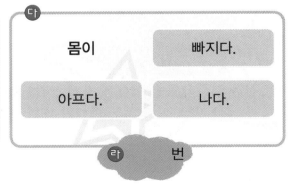

다

몸이   빠지다.

아프다.   나다.

라   번

보기

① 아무리 어려움이 있어도 언제나 한결같이

② 살이 올라 몸이 뚱뚱해지다.

6 낱말 활용하기

다음 가~라 의 ( )에 알맞은 낱말을 보기 에서 찾아 번호를 쓰고, 마 의 질문에 답해 보세요.

문제 개수 5 개

맞은 개수 ( ) 개

틀린 개수 ( ) 개

가 원시인들은 그물이 없었기 때문에 ( )을 이용해 얕은 물의 고기를 잡았다.

나 할아버지는 우리를 위해 ( )에 옥수수를 심었다고 말씀하셨다.

다 김대감은 ( ) 문을 드르륵 열고는 하인을 소리쳐 불렀다.

라 남이 아무리 잘해 주어도 정은 ( )에게 더 가지.

마 '몸이 나다.'를 넣어 짧은 글을 지어 보세요.

→ _____

보기 ① 밭둑 ② 살붙이 ③ 작달비 ④ 미닫이 ⑤ 작살 ⑥ 부적

총 문제 개수 25 개 │ 총 맞은 개수 ( ) 개 │ 총 틀린 개수 ( ) 개

공부 의욕 다지는 72

숙제는 왜 해야 할까요?

숙제를 잘하는 사람은 공부도 잘해요. 숙제를 하기 위해서는 교과서를 들추어 보고, 백과사전과 컴퓨터 등을 이용해 자료를 찾아야 해요. 숙제를 하면서 저절로 예습과 복습을 하고 독서를 하게 되는 거랍니다. 게다가 내가 찾은 자료를 정리하고 발표 준비를 하면서, 스스로 공부하는 법을 자연스럽게 알게 된답니다.

숙제는 부담스러운 공부가 아니에요. 숙제를 열심히 하다 보면, 책임감, 인내심, 생활 규칙은 물론 문제를 이해하고 분석하며 해결하는 방법까지 알게 되거든요. 때로는 학원이나 학습지 숙제 때문에 학교 숙제를 소홀히하는 친구들도 있어요. 그렇다면 부모님과 의논해서 학원과 학습지를 조절하세요. 학교 수업은 모든 공부의 기본이랍니다.

16회

머리 풀어 주는 퍼즐

공부를 시작할 때도
준비운동이 필요하다고!
하나둘 하나둘

도전 시간	걸린 시간
00 분 15 초	분 초

창의사고력 기초 다지기   주의집중력 쑥~

대성, 승리, 태양이가 뽑기 게임을 하려고 해요. 줄을 천천히 따라가 보고 사탕을 뽑은 사람을 찾아 보세요.

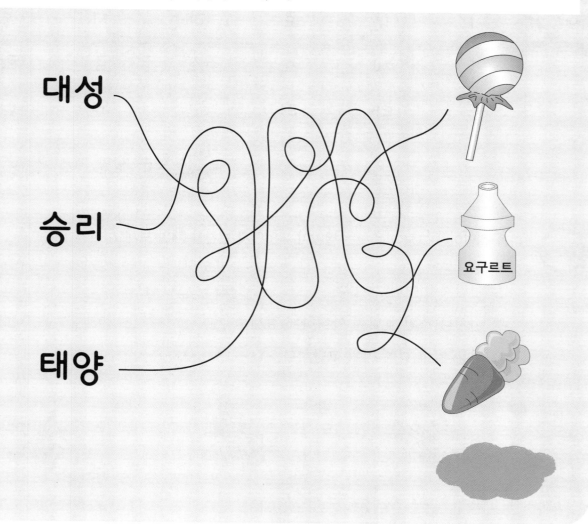

대성

승리

태양

요구르트

낱말이 쏙 생각이 쑥

1 가로세로 낱말 찾기

다음 네모에서 알고 있는 낱말을 찾아 동그라미를 해 보세요.

> 여기서 찾은 낱말로 2~6번 문제를 풀어요!

전	열	람	실	뜨	기
설	온	자	타	억	가
이	갖	료	래	지	로
삭	제	스	스	로	막
울	타	리	고	되	다

내가 찾은 낱말  개

2 낱말 뜻 알기

다음 설명이나 그림이 뜻하는 낱말이 무엇인지 빈칸을 채워 보세요.

문제 개수 **6** 개

맞은 개수 ⬜ 개
틀린 개수 ⬜ 개

㉮ 이런저런 여러 가지의 .... ⬜ ⬜

㉯ 이치나 조건에 맞지 아니하게 강제로 .... ⬜ ⬜

㉰ 하는 일이 힘에 겨워 고단하다. .... ⬜ ⬜ 다

라
실 ⬜ ⬜

마
⬜ ⬜ ⬜

바
⬜ ⬜

다음에서 비슷한 뜻끼리 짝지어진 것에는 '='로, 반대의 뜻끼리 짝지어진 것에는 '↔'로 나타내거나, 부호에 알맞게 낱말을 채워 보세요.

억지로	↔	(가)
온갖	(나)	모든

삭제	(다)	추가
고되다	(라)	힘들다

낱말의 포함 관계에 따라 '<' 또는 '>'로 나타내고, 그림의 위치에 알맞게 낱말을 넣어 보세요.

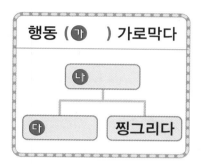

행동 (가) 가로막다

나

다　　찡그리다

실뜨기 (라) 놀이

마

술래잡기　바

'가로막다'나 '찡그리다'는 몸의 움직임이야.

짝을 이루는 말을 찾아 동그라미 하고, 그 말의 뜻을 보기에서 찾아 번호를 쓰세요.

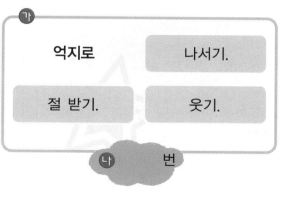

가

억지로　　나서기.

절 받기.　　웃기.

나　번

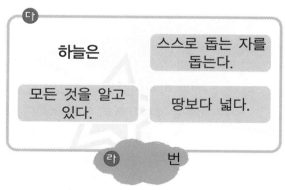

다

하늘은　　스스로 돕는 자를 돕는다.

모든 것을 알고 있다.　땅보다 넓다.

라　번

보기

① 상대편은 생각지도 아니하는데 이편에서 요구하여 강제로 대접을 받다.

② 어떤 일을 이루기 위해서는 자신의 노력이 중요하다.

75

6 낱말 활용하기

다음 ⑦ ~ ⑧ 의 ( )에 알맞은 낱말을 보기 에서 찾아 번호를 쓰고, ⑩ 의 질문에 답해 보세요.

문제 개수 **5** 개

맞은 개수 ⬭ 개

틀린 개수 ⬭ 개

⑦ 시험 기간이라 그런지 도서관의 ( )에는 앉을 자리가 없었다.

⑭ 직장에서 힘든 일이 있었는지 퇴근한 아버지의 얼굴은 ( ) 표정이었다.

⑮ 하기 싫은 일을 ( ) 시키지는 마!

⑯ 재래시장에는 마트에서도 보지 못했던 ( ) 물건들이 가득했다.

⑰ '억지로 절 받기.'를 넣어 짧은 글을 지어 보세요.

➡ _____

보기   ① 열람실   ② 온갖   ③ 고된   ④ 실타래   ⑤ 억지로   ⑥ 삭제

총 문제 개수 (25)개   총 맞은 개수 ( )개   총 틀린 개수 ( )개

상식 쑥쑥 키우는 72

글을 읽고 나서 오늘 공부를 신나게 시작하자고!

공정 무역으로 세상을 바꿔요

'축구공과 운동화, 커피, 초콜릿'에는 공통점이 있어요. 아프리카와 아시아 지역의 가난한 나라에 사는 어린이들의 눈물로 만들어졌다는 거예요.

어린이들은 하루 열네 시간 축구공과 운동화를 만들어도 겨우 17센트(우리나라 돈 약 300원)를 받아요. 유명한 커피 전문점의 커피 한 잔 값은 3,000~5,000원 정도예요. 그중에서 커피콩을 재배한 농민에게 돌아가는 돈은 겨우 10원이랍니다. 아프리카의 코코아 농장에서는 아홉 살에서 열두 살까지의 아이들이 일을 하고 있어요. 돈도 받지 못한 채, 키만큼 큰 칼로 코코아 열매를 따고 보호 장비도 없이 살충제를 뿌리며 힘든 일을 해요.

그럼, 나머지 돈은 다 어디로 가는 걸까요? 모두 기업의 몫이랍니다. 기업의 입장에서는 제품을 만든 사람에게 돈을 적게 줄수록 더 큰 이익이 생기거든요. 이런 이유로 일부에서는 '일한 만큼 정당한 보상'을 해 주는 기업의 상품을 구입하자는 '공정 무역' 운동을 벌이고 있어요. '정당한 보상과 알맞은 가격'의 공정 무역은 세상을 바꿀 수 있는 착한 소비랍니다.

17회 머리 풀어 주는 퍼즐

도전 시간	걸린 시간
00 분 10 초	분 초

창의사고력 기초 다지기 연상추리력 쑥~

보기는 어떤 과일을 자른 뒤 위에서 내려다 보았을 때의 모습이에요.
어떤 과일일까요?

보기

❶

❷

❸

❹

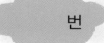 번

낱말이 쏙 생각이 쑥

1 가로세로 낱말 찾기

다음 네모에서 알고 있는 낱말을 찾아 동그라미를 해 보세요.

여기서 찾은 낱말로 2~6 번 문제를 풀어요!

장	례	간	추	리	다
책	꽃	이	신	경	통
주	처	지	붕	범	화
름	마	몽	땅	죄	롯
살	동	계	호	롱	불

내가 찾은 낱말 ⬭ 개

2 낱말 뜻 알기

다음 설명이나 그림이 뜻하는 낱말이 무엇인지 빈칸을 채워 보세요.

문제개수 **6** 개

맞은 개수 ⬭ 개

틀린 개수 ⬭ 개

㉮ 몸의 한 부분에 생긴 고장이 신경에 반응하여 일어나는 심한 아픔
‥‥‥‥‥‥‥‥‥‥‥‥‥‥‥‥ ☐ ☐ ☐

㉯ 일상생활에서 일어날 수 있는 가벼운 위법 행위‥‥‥‥‥ ☐ ☐ ☐

㉰ 흐트러진 것을 가지런히 하거나 글에서 중요한 점만 정리함
‥‥‥‥‥‥‥‥‥‥‥‥‥‥‥‥‥‥ ☐ ☐ 리 다

㉱

☐ ☐ ☐

㉲

☐ ☐ 불

㉳
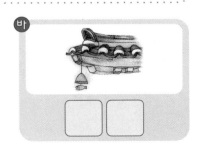
☐ ☐ ☐

비슷한 말 반대말 알기

다음에서 비슷한 뜻끼리 짝지어진 것에는 '='로, 반대의 뜻끼리 짝지어진 것에는 '↔'로 나타내거나, 부호에 알맞게 낱말을 채워 보세요.

추리다	=	(가)
몽땅	(나)	죄다

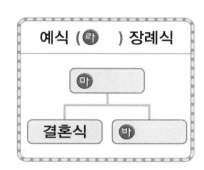

동계	(다)	하계
추신	(라)	피에스(PS)

큰 말 작은 말 알기

낱말의 포함 관계에 따라 '<' 또는 '>'로 나타내고, 그림의 위치에 알맞게 낱말을 넣어 보세요.

통증 (가) 신경통

나

다 / 두통

예식 (라) 장례식

마

결혼식 / 바

예식은 정해진 절차에 따라서 치르는 의식이야.

짝을 이루는 말 찾기

짝을 이루는 말을 찾아 동그라미 하고, 그 말의 뜻을 보기 에서 찾아 번호를 쓰세요.

가

겨울 화롯불은 | 어머니보다 낫다.

떡 구워먹기 좋다. | 여름보다 따뜻하다.

나 ⬜ 번

다

지붕 꼭대기로 | 호박 넝쿨 넘어가는 격

소 끌어올리는 격 | 사다리 타고 오르는 격

라 ⬜ 번

보기

① 되지도 아니할 일을 무리하게 억지로 하려고 하다.
② 추운 겨울에는 따뜻한 것이 제일 좋다.

79

다음 ㉮~㉰ 의 ( )에 알맞은 낱말을 보기 에서 찾아 번호를 쓰고, ㉱ 의 질문에 답해 보세요.

문제 개수 **5** 개

맞은 개수 ( ) 개

틀린 개수 ( ) 개

㉮ 신호등을 무시하고 길을 건너는 무단 횡단은 ( )에 해당합니다.

㉯ 비가 오면 온몸이 다 아프다는 할머니는 ( )으로 고생하시는 거예요.

㉰ 눈이 녹으며 ( ) 밑으로 줄줄이 고드름이 달렸다.

㉱ 가지고 있는 것을 ( ) 내놓아라!

㉲ '간추리다' 를 넣어 짧은 글을 지어 보세요.

→ _____

보기 ① 간추린 ② 경범죄 ③ 신경통 ④ 주름살 ⑤ 처마 ⑥ 몽땅

총 문제 개수 **25** 개 │ 총 맞은 개수 ( ) 개 │ 총 틀린 개수 ( ) 개

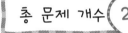

글을 읽고 나서 오늘 공부를 신나게 시작하자고!

마음에 힘이 되는 **샘물**

동물과 식물을 보살펴 주세요

진이는 주머니 속에 있는 과자 봉지를 만지작거리며, 아파트 현관 앞에 서 있었어요.

'이제 올 시간이 됐는데.'

고개를 두리번거리며 누군가를 찾는 듯했답니다. 잠시 후, 비둘기 한 마리가 날아왔어요. 비둘기는 다리 한 짝을 잃은 채 뒤뚱거리며 서 있었어요. 진이는 얼른 주머니에서 봉지를 꺼내, 과자 부스러기를 길에 던져 주었어요. 비둘기는 고맙다는 듯 고개를 까닥이며 과자를 콕콕 집어 먹었답니다.

여러분도 진이처럼 가여운 동물이나 식물을 보살펴 준 경험이 있나요? 동물과 식물은 생명이 있어요. 다른 생명을 돌보아 준다는 것은 정말 어려운 일이에요. 하지만 자꾸 하다 보면, 동물뿐만이 아니라 다른 사람들의 마음을 살피고 나눌 수 있게 된답니다.

여러분도 동물 혹은 식물과 마음을 나누어 보세요. 엄마와 아빠의 마음까지도 이해할 수 있게 될 거예요.

18 회

머리 풀어 주는

도전 시간	걸린 시간
00 분 10 초	분 초

창의사고력 기초 다지기 판단능력 쑥~

다음 동물 중에서 알을 낳지 않는 동물을 찾아 보세요.

❶

❷

❸

❹

번

낱말이 쏙 생각이 쑥

1 가로세로 낱말 찾기

다음 네모에서 알고 있는 낱말을 찾아 동그라미를 해 보세요.

여기서 찾은 낱말로 2~6번 문제를 풀어요!

그	을	음	치	이	다
음	러	모	닥	불	토
날	대	여	점	포	실
밤	다	소	곳	이	토
으	스	대	다	루	실

내가 찾은 낱말 ⬭ 개

2 낱말 뜻 알기

다음 설명이나 그림이 뜻하는 낱말이 무엇인지 빈칸을 채워 보세요.

문제 개수 6 개

맞은 개수 ⬭ 개

틀린 개수 ⬭ 개

㉮ 음력으로 그달의 마지막 날 ·················· ☐ ☐ 날

㉯ 얌전하고 온순하게 ···················· ☐ ☐ 곳 ☐

㉰ 상대를 세차게 위협하다. ··············· ☐ ☐ 대 다

☐ ☐ ☐

☐ ☐

☐ ☐

82

비슷한 말 반대말 알기

다음에서 비슷한 뜻끼리 짝지어진 것에는 '='로, 반대의 뜻끼리 짝지어진 것에는 '↔'로 나타내거나, 부호에 알맞게 낱말을 채워 보세요.

초하루	↔	(가)
올러대다	(나)	올러메다

점포	(다)	가게
으스대다	(라)	겸손하다

큰 말 작은 말 알기

낱말의 포함 관계에 따라 '<' 또는 '>'로 나타내고, 그림의 위치에 알맞게 낱말을 넣어 보세요.

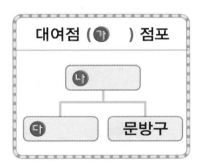

대여점 (가) 점포

나

다   문방구

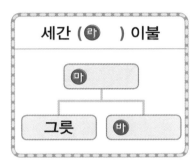

세간 (라) 이불

마

그릇   바

세간은 집안 살림에 쓰는 온갖 물건을 말해.

짝을 이루는 말 찾기

짝을 이루는 말을 찾아 동그라미 하고, 그 말의 뜻을 보기 에서 찾아 번호를 쓰세요.

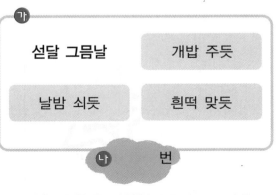

가

섣달 그믐날   개밥 주듯

날밤 쇠듯   흰떡 맞듯

나   번

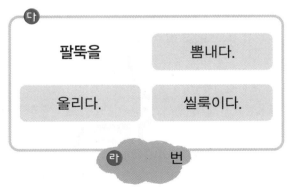

다

팔뚝을   뽐내다.

올리다.   씰룩이다.

라   번

보기

① 섣달 그믐날에 흰떡이 떡메에 맞듯이 몹시 두들겨 맞다.
② 팔뚝을 드러내어 힘을 자랑하다.

다음 ㉮~㉰의 ( )에 알맞은 낱말을 보기 에서 찾아 번호를 쓰고, ㉱ 의 질문에 답해 보세요.

㉮ 골목길에서 나쁜 형들이 어린아이를 잡고는 ( ) 있었다.

㉯ 동생과 비디오 ( )에서 해리포터를 빌려 왔다.

㉰ 우리 아파트 상가에는 다양한 ( )들이 들어와 있다.

㉱ 수학경시대회에서 상을 탄 민호가 ( ) 모습은 정말 보기 싫었다.

㉲ '다소곳이'를 넣어 짧은 글을 지어 보세요.

➡ _____

보기 ① 그믐날 ② 다소곳이 ③ 을러대고 ④ 으스대는 ⑤ 대여점 ⑥ 점포

총 문제 개수 25 개 | 총 맞은 개수 ( ) 개 | 총 틀린 개수 ( ) 개

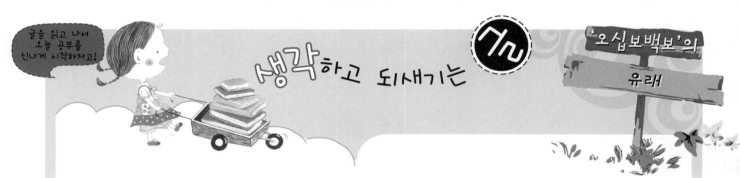

글을 읽고 나서 오늘 공부를 신나게 시작하자고!

생각하고 되새기는

72

'오십보백보'의 유래

중국 양나라의 혜왕은 전쟁을 좋아하는 왕이었습니다. 혜왕은 많은 병사를 거느리기 위해 선정을 베풀었습니다. 선정을 베풀면, 이웃나라 백성까지 몰려들 거라고 생각했답니다. 하지만, 선정을 베풀어도 백성의 수는 늘지 않았답니다. 그런데 마침 맹자가 양나라를 찾아왔습니다. 혜왕은 맹자에게 그 이유를 물었습니다. 그러자 맹자가 말했답니다.

"전쟁터에서 싸움이 났는데, 병사들이 도망치기 시작했습니다. 이때, 오십 걸음(오십보)을 도망친 병사가 백 걸음(백보)을 도망친 병사에게 겁쟁이라며 비웃었답니다."

"오십 걸음이나 백 걸음이나 도망친 것은 마찬가지인데 누가 누굴 비웃는단 말입니까?"

맹자는 혜왕이 선정을 베푸는 목적이 병사를 모으기 위한 것이므로, 아무리 선정을 베푼다 한들 전쟁을 하는 것과 마찬가지라고 말했답니다.

이런 맹자의 말에서, 겉으로는 차이가 있는 듯하지만 실제로는 마찬가지란 뜻으로 '오십보백보(五十步百步)'라는 말을 사용한답니다.

머리 풀어 주는

도전 시간	걸린 시간
00 분 20 초	분 초

창의사고력 기초 다지기 정보처리능력 쑥~

주사위를 던졌더니 다음과 같이 나왔어요. 보이지 않는 면에 있는 수들을 모두 더하면 얼마인가요?(주사위에는 점이 한 개~여섯 개까지 찍혀 있어요.)

낱말이 쏙 생각이 쑥

1 가로세로 낱말 찾기

다음 네모에서 알고 있는 낱말을 찾아 동그라미를 해 보세요.

여기서 찾은 낱말로 2~6번 문제를 풀어요!

소	굴	비	상	금	일
일	러	두	기	행	문
거	다	루	생	물	체
리	니	마	충	전	기
★	다	기	특	하	다

내가 찾은 낱말 　개

2 낱말 뜻 알기

다음 설명이나 그림이 뜻하는 낱말이 무엇인지 빈칸을 채워 보세요.

문제 개수 6 개

맞은 개수 　개

틀린 개수 　개

㉮ 나쁜 짓을 하는 도둑이나 악한 무리가 활동의 본거지로 삼고 있는 곳
‥‥‥‥‥‥‥‥‥‥‥‥‥‥‥‥‥‥‥‥‥‥‥‥‥‥‥ ☐ ☐

㉯ 그럭저럭 세월을 보내기 위하여 심심풀이로 하는 일‥ ☐ 일 ☐ ☐

㉰ 책의 첫머리에 내용이나 쓰는 방법 따위에 관한 참고 사항을 설명한 글
‥‥‥‥‥‥‥‥‥‥‥‥‥‥‥‥‥‥‥‥‥‥ ☐ ☐ ☐ 기

㉱

☐ ☐ ☐

㉲

☐ ☐ ☐

㉳

☐ ☐

86

3 비슷한 말 반대말 알기

다음에서 비슷한 뜻끼리 짝지어진 것에는 '='로, 반대의 뜻끼리 짝지어진 것에는 '↔'로 나타내거나, 부호에 알맞게 낱말을 채워 보세요.

상비금	=	(가)
기다	(나)	날다

금일	(다)	오늘
기행문	(라)	여행기

4 큰 말 작은 말 알기

낱말의 포함 관계에 따라 '<' 또는 '>'로 나타내고, 그림의 위치에 알맞게 낱말을 넣어 보세요.

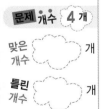
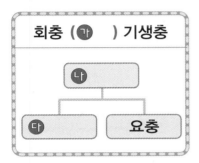

회충 (가) 기생충

나

다   요충

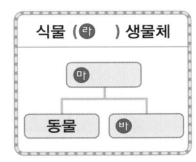

식물 (라) 생물체

마

동물   바

생물체는 동물이나 식물처럼 살아 있는 물체를 말해.

짝을 이루는 말 찾기

짝을 이루는 말을 찾아 동그라미 하고, 그 말의 뜻을 보기에서 찾아 번호를 쓰세요.

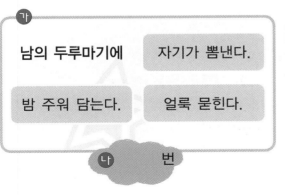

가

남의 두루마기에   자기가 뽐낸다.

밤 주워 담는다.   얼룩 묻힌다.

나   번

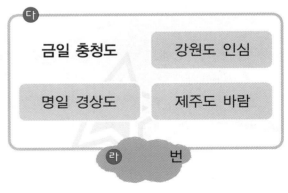

다

금일 충청도   강원도 인심

명일 경상도   제주도 바람

라   번

보기

① 아무리 하여도 남 좋은 일만 한 결과가 된다.

② 일정한 주소가 없이 이곳저곳으로 정처 없이 떠돌아다니다.

6 낱말 활용하기

다음 **가**~**라** 의 ( )에 알맞은 낱말을 [보기]에서 찾아 번호를 쓰고, **마**의 질문에 답해 보세요.

문제 개수 **5** 개

맞은 개수 ◯ 개

틀린 개수 ◯ 개

가 책을 보기 전에 (   )를 살펴보면 책의 내용과 사용법에 대해 잘 알 수 있다.

나 봄과 가을에 구충제를 먹는 것은 몸 안의 (   )을 없애기 위함이다.

다 용돈의 절반은 사용하고 나머지는 (   )으로 남겨 두었다.

라 알리바바는 도둑들의 (   )로 숨어 들어갔다.

마 '금일 충청도 명일 경상도'는 어떤 경우에 쓰는 말인지 써 보세요.

➔ --

[보기] ① 소굴 ② 소일거리 ③ 일러두기 ④ 기생충 ⑤ 비상금 ⑥ 충전기

총 문제 개수 ◯**25** 개 │ 총 맞은 개수 ◯ 개 │ 총 틀린 개수 ◯ 개

공부 의욕 다지는

칭찬은 고래도 춤추게 한다

'칭찬은 고래도 춤추게 한다'는 말이 있어요.

고래에게 춤을 잘 춘다는 칭찬을 자꾸만 하면 정말로 춤을 춘다는 뜻으로, 누구나 칭찬을 들으면 들을수록 더 잘한다는 의미랍니다. 아마 여러분도 춤추는 고래가 된 경험이 있을 거예요. 엄마가 동생이랑 다투지 않고 잘 놀았다고 칭찬을 해 주면, 다음에도 동생이랑 사이좋게 놀고 싶어지니까요. 이런 현상을 '피그말리온 효과'라고 한답니다.

그런데 다른 사람에게 칭찬을 들으려 하지 말고 나 자신에게 칭찬을 해 보세요. "나는 참 예뻐."라고 자꾸만 칭찬을 해 주면, 정말로 예뻐진답니다. 마찬가지로 "난 공부를 잘할 수 있어." 라고 매일매일 이야기를 해 주면, 정말로 공부를 잘하는 사람이 되기 위해 조금씩 노력을 하게 된답니다. 여러분도 매일 아침 거울 속 자신에게 칭찬을 해 주세요. 그럼 원하던 바람이 이루어질 거랍니다.

88

머리 풀어 주는 퍼즐

공부를 시작할 때도
준비운동이 필요하다고!
하나둘 하나둘

도전 시간	걸린 시간
00 분 15 초	분 초

창의사고력 기초 다지기   계산능력 쑥~

철수는 사자 역에서 친구와 만나기로 약속했어요. 한 정거장을 지나는 데 2분이 걸린다면, 우리 집 역에서 사자 역까지는 몇 분이 걸릴까요?

우리 집 역   호랑이 역   기린 역   까치 역

코끼리 역

사슴 역

원숭이 역

비둘기 역   악어 역   사자 역

분

날말이 쏙 생각이 쑥

1 가로세로 낱말 찾기

다음 네모에서 알고 있는 낱말을 찾아 동그라미를 해 보세요.

여기서 찾은 낱말로 2~6번 문제를 풀어요!

얼	기	설	기	본	권
렁	성	명	서	거	선
뚱	복	서	★	지	징
땅	거	미	나	리	악
굴	레	슬	링	거	의

내가 찾은 낱말 ⬜ 개

2 낱말 뜻 알기

다음 설명이나 그림이 뜻하는 낱말이 무엇인지 빈칸을 채워 보세요.

문제 개수 6 개

맞은 개수 ⬜ 개

틀린 개수 ⬜ 개

㉮ 남이 모르는 사이에 슬쩍 넘겨 버리는 모양 ········· ⬜ 렁 ⬜ ⬜

㉯ 일정한 기준 치수에 맞추어서 대량으로 미리 지어 놓은 옷 ⬜ ⬜ ⬜

㉰ 착한 일을 칭찬하고 못되고 악한 일을 벌주는 것 ···· ⬜ ⬜ ⬜

㉱  ⬜ ⬜ ⬜

㉲  ⬜ ⬜

㉳  ⬜ ⬜

다음에서 비슷한 뜻끼리 짝지어진 것에는 '='로, 반대의 뜻끼리 짝지어진 것에는 '↔'로
나타내거나, 부호에 알맞게 낱말을 채워 보세요.

근거지	=	(㉮)
기성복	(㉯)	맞춤복

거의	(㉰)	대부분
얼렁뚱땅	(㉱)	어물쩍

낱말의 포함 관계에 따라 '<' 또는 '>'로 나타내고, 그림의 위치에 알맞게 낱말을 넣어 보
세요.

옷 (㉮) 기성복
㉯
㉰   맞춤복

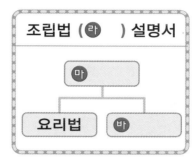

조립법 (㉱) 설명서
㉲
요리법   ㉳

설명서는
내용이나 이유,
사용법 등을
설명한 글이야.

짝을 이루는 말을 찾아 동그라미 하고, 그 말의 뜻을 보기 에서 찾아 번호를 쓰세요.

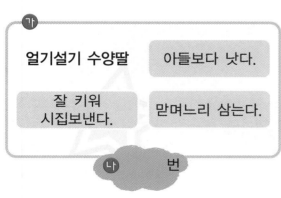

㉮
얼기설기 수양딸   아들보다 낫다.

잘 키워
시집보낸다.   맏며느리 삼는다.

㉯   번

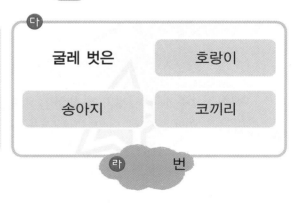

㉰
굴레 벗은   호랑이

송아지   코끼리

㉱   번

보기

① (비유적으로) 어물어물하면서도 손쉽게 자기 이익을 채우다.
② 구속이나 통제에서 벗어나 몸이 자유로워지다.

6 낱말 활용하기

다음 ㉮~㉣의 ( )에 알맞은 낱말을 보기에서 찾아 번호를 쓰고, ㉤의 질문에 답해 보세요.

㉮ 〈흥부전〉은 착한 사람이 복을 받는 ( )의 내용이 담긴 대표적인 동화야.

㉯ 무인도에 표류한 사람들은 나무를 주워서 ( ) 지붕을 엮었다.

㉰ 임꺽정은 청석골을 ( )로 삼아 도적질을 시작했다.

㉱ 그렇게 대충 얼버무리고 ( ) 넘어갈 생각은 하지마!

㉲ '굴레 벗은 송아지'는 어떤 경우에 쓰는 말인지 써 보세요.

→ _____

보기 ① 얼렁뚱땅 ② 기성복 ③ 권선징악 ④ 레슬링 ⑤ 얼기설기 ⑥ 본거지

총 문제 개수 (25) 개 | 총 맞은 개수 ( ) 개 | 총 틀린 개수 ( ) 개

상식 쑥쑥 키우는

글을 읽고 나서 오늘 공부를 신나게 시작하자고!

백화점 1층에 없는 것

백화점 1층에는 시계와 화장실이 없어요. 화장실을 가려면 지하층이나 2층으로 가야만 해요. 사람들은 이동하면서 더 많은 물건을 보게 됩니다. 그냥 앞만 보면서 가진 않으니까 말이에요. 이때 사람들은 물건을 보며 지나다가 충동구매를 하게 된답니다. 여러 가지 물건을 보면 사고 싶은 충동이 생길 수 있으니까요. 백화점에 시계가 없는 이유도 마찬가지예요. 시계가 없어야, 사람들이 백화점에서 얼마 동안 머물렀는지 알 수 없을 테니까요. 사람들이 오랫동안 많은 물건을 구경할수록, 물건을 사고 싶다는 생각이 더 많이 들겠지요. 하지만 이제 여러분은 충동구매쯤에는 휘말리지 않을 거예요. 백화점의 판매 전략을 훤히 알고 있으니까요.

21회

머리 풀어 주는 퍼즐

공부를 시착할 때도
준비운동이 필요하다고!
하나둘 하나둘

도전 시간	걸린 시간
00 분 15 초	분 초

창의사고력 기초 다지기   주의집중력 쑥~

크리스마스트리를 잘 보고 별 모양과 종 모양 장식품은 각각 몇 개씩인
지 찾아보세요.

별 모양: 개

종 모양: 개

낱말이 쏙 생각이 쑥

1 가로세로 낱말 찾기

다음 네모에서 알고 있는 낱말을 찾아 동그라미를 해 보세요.

여기서 찾은 낱말로 2~6번 문제를 풀어요!

파	릇	파	릇	중	턱
라	켓	인	간	미	걸
솔	기	애	호	가	이
가	관	플	의	연	금
지	지	하	다	시	마

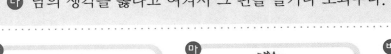
내가 찾은 낱말 　 개

2 낱말 뜻 알기

다음 설명이나 그림이 뜻하는 낱말이 무엇인지 빈칸을 채워 보세요.

문제 개수 6 개

맞은 개수 　 개

틀린 개수 　 개

㉮ 어떤 사물을 사랑하고 좋아하는 사람 ·············· □ □ □

㉯ 자선 사업이나 공익사업을 위하여 개인이 자발적으로 내는 돈
·············· □ □ □

㉰ 남의 생각을 옳다고 여겨서 그 편을 들거나 도와주다. □ □ 하 다

㉱

□ □ □

㉲

□ □ □ □

㉳

□ □ □

비슷한 말 반대말 알기

다음에서 비슷한 뜻끼리 짝지어진 것에는 '＝'로, 반대의 뜻끼리 짝지어진 것에는 '↔'로 나타내거나, 부호에 알맞게 낱말을 채워 보세요.

문제 개수 4 개

맞은 개수 ___ 개

틀린 개수 ___ 개

기부금	＝	(가)
지지하다	(나)	돕다

봉합선	(다)	솔기
간호	(라)	병구완

큰 말 작은 말 알기

낱말의 포함 관계에 따라 '＜' 또는 '＞'로 나타내고, 그림의 위치에 알맞게 낱말을 넣어 보세요.

문제 개수 6 개

맞은 개수 ___ 개

틀린 개수 ___ 개

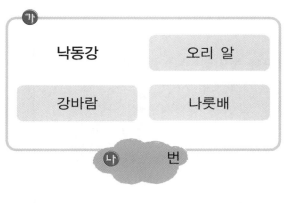

열대 과일 (가) 파인애플

(나)

(다) 바나나

다시마 (라) 해조류

(마)

미역 (바)

해조류란 바다에서 나는 풀종류를 말해.

짝을 이루는 말 찾기

짝을 이루는 말을 찾아 동그라미 하고, 그 말의 뜻을 보기에서 찾아 번호를 쓰세요.

문제 개수 4 개

맞은 개수 ___ 개

틀린 개수 ___ 개

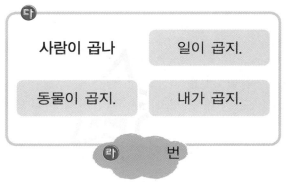

(가)

낙동강   오리 알

강바람   나룻배

(나) ___ 번

(다)

사람이 곱나   일이 곱지.

동물이 곱지.   내가 곱지.

(라) ___ 번

보기
① 무리에서 떨어져 나오거나 홀로 소외되어 처량하게 되다.
② 사람에게 진실로 아름다운 것은 얼굴에 있는 것이 아니라 얼마나 일을 성실하게 하느냐에 있다.

6 낱말 활용하기

다음 ⑦~④ 의 ( )에 알맞은 낱말을 보기 에서 찾아 번호를 쓰고, ④ 의 질문에 답해 보세요.

문제 개수 ⑤ 개

맞은 개수 ___ 개

틀린 개수 ___ 개

⑦ 홍수로 피해를 본 수재민들을 위해 방송에서 수재 ( )을 걷고 있다.

④ 전교 회장 선거에서 내가 ( ) 1번 후보가 당선되었다.

④ 아버지는 우리 국악을 좋아하는 국악 ( )이시다.

④ "미역이나 ( ) 같은 해조류는 피를 맑게 해 주니까 많이 먹어라."

④ '낙동강 오리알'은 어떤 경우에 쓰는 말인지 써 보세요.

➡ _____

보기 ① 애호가   ② 의연금   ③ 지지한   ④ 파라솔   ⑤ 다시마   ⑥ 가관

총 문제 개수 ㉕ 개 │ 총 맞은 개수 ◯ 개 │ 총 틀린 개수 ◯ 개

글을 읽고 나서 오늘 공부를 신나게 시작하자고!

마음에 **힘이 되는** 수필

편지를 써 보세요

민재는 조금 속상했어요. 매일 아침 현관에 놓인 신문을 들여다 놓는 것도, 주머니 속의 우유를 꺼내 냉장고에 넣는 것도 모두 민재가 했거든요. 사실, 그리 오래되진 않았지만요. 그래도 엄마가 "아이고! 우리 민재 너무 착한걸!" 하면서 칭찬해 주길 바랐거든요.

그날 오후, 민재는 책상 위에 맛있는 과자와 함께 엄마의 편지를 보았어요.

'민재야. 정말 고맙단다. 아침마다 식사와 출근 준비에 정신없는 엄마를 위해 신문도 우유도 정리해 주니, 민재가 다 큰 형 같더구나. 민재 덕분에 엄마는 더 힘이 난단다.'

편지에 담긴 엄마의 마음을 알고는, 민재는 조금 쑥스럽기도 하고 미안하기도 했어요. 그러고는 더 많이 엄마를 도와드려야겠다고 생각했답니다.

편지는 서로의 오해를 풀고 더욱 친하게 해 준답니다. 여러분도 미안한 사람이나 고마운 사람에게 편지를 써 보세요. 단, 솔직한 마음이 담긴 편지여야 해요. 알았지요?

머리 풀어 주는 퍼즐

도전 시간	걸린 시간
00 분 15 초	분 초

창의사고력 기초 다지기 연상추리력 쑥~

종이를 반으로 접어 점선을 따라 잘랐어요. 자른 뒤 종이를 펼쳤을 때 어떤 모양이 나올까요?

보기

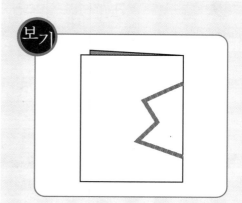

❶

❷
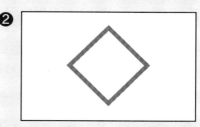

❸
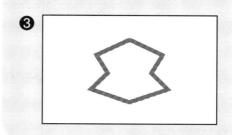

❹

낱말이 쏙 생각이 쑥

도전시간 8 분 10 초 걸린시간 분 초

1 가로세로 낱말 찾기

다음 네모에서 알고 있는 낱말을 찾아 동그라미를 해 보세요.

여기서 찾은 낱말로 2~6번 문제를 풀어요!

현	수	막	노	동	파
모	자	이	크	서	라
양	계	장	★	고	다
처	신	앙	심	금	이
자	박	자	박	차	스

내가 찾은 낱말 ⌣ 개

2 낱말 뜻 알기

다음 설명이나 그림이 뜻하는 낱말이 무엇인지 빈칸을 채워 보세요.

문제 개수 6 개

맞은 개수 개

틀린 개수 개

가 어진 어머니이면서 착한 아내 ·········· ☐ 모 ☐ 처

나 동양과 서양, 옛날과 지금을 통틀어 이르는 말 ····· ☐ 서 ☐ ☐

다 세상을 살아가는 데 가져야 할 몸가짐이나 행동 ············ ☐ ☐

라 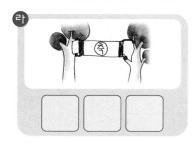 ☐ ☐ ☐

마 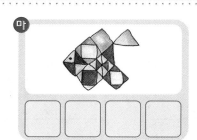 ☐ ☐ ☐

바  ☐ ☐

98

비슷한 말 반대말 알기

다음에서 비슷한 뜻끼리 짝지어진 것에는 '='로, 반대의 뜻끼리 짝지어진 것에는 '↔'로 나타내거나, 부호에 알맞게 낱말을 채워 보세요.

문제 개수 4 개

맞은 개수 ⬭ 개
틀린 개수 ⬭ 개

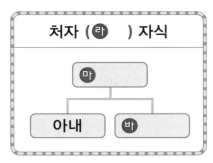

낙원	=	(가)
막노동	(나)	막일

현모양처	(다)	악처
심금	(라)	속마음

큰말 작은 말 알기

낱말의 포함 관계에 따라 '<' 또는 '>'로 나타내고, 그림의 위치에 알맞게 낱말을 넣어 보세요.

문제 개수 6 개

맞은 개수 ⬭ 개
틀린 개수 ⬭ 개

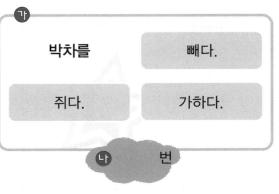
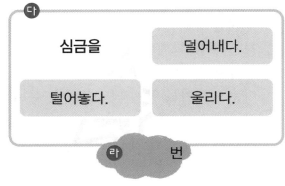

신앙심 (가) 마음

나

다 · 심금

처자 (라) 자식

마

아내 · 바

처자는 아내와 자식을 아울러 이르는 말이야.

짝을 이루는 말 찾기

짝을 이루는 말을 찾아 동그라미 하고, 그 말의 뜻을 보기에서 찾아 번호를 쓰세요.

문제 개수 4 개

맞은 개수 ⬭ 개
틀린 개수 ⬭ 개

가

박차를   빼다.

쥐다.   가하다.

나   번

다

심금을   덜어내다.

털어놓다.   울리다.

라   번

보기

① 일이 더 빨리 진행되게 하다.
② 외부의 자극을 받아 마음에 감동을 일으키다.

99

6 낱말 활용하기

다음 ⑦~④의 ( )에 알맞은 낱말을 보기 에서 찾아 번호를 쓰고, ⑩의 질문에 답해 보세요.

⑦ ( )을 막론하고 이런 일은 처음 있는 일이다.

⑭ 아무리 어려운 상황에서도 올바른 ( )을 해야 나중에 후회할 일이 없다.

⑭ 신사임당은 ( )의 대표적인 인물로 손꼽히고 있어.

⑭ 아름다운 자연과 착한 사람들, 나는 마치 ( )에라도 온 듯 행복했다.

⑭ '심금을 울리다.'를 넣어 짧은 글을 지어 보세요.

➡ _____

보기 ① 현모양처 ② 동서고금 ③ 박차 ④ 현수막 ⑤ 파라다이스 ⑥ 처신

총 문제 개수 25 개 총 맞은 개수 ◯ 개 총 틀린 개수 ◯ 개

생각하고 되새기는

수어지교의 유래

글을 읽고 나서 오늘 공부를 신나게 시작하자고!

옛날 중국에 유비, 관우, 장비라는 장수가 있었어요. 셋은 의형제를 맺고는 중국을 통일하자는 뜻을 함께했답니다. 촉한을 세운 유비는 의형제인 관우와 장비가 있어서 든든했지만, 남다른 슬기와 계략을 지닌 지략가가 없어서 안타까웠답니다. 그러던 중, 유비는 제갈공명이라는 지략가를 알게 되었습니다. 유비는 그의 마음을 얻기 위해 세 번이나 찾아갔답니다. 제갈공명도 유비의 진심을 알고는 최선을 다해 그를 도왔답니다.

그러나 유비와 제갈공명의 사이가 두터워질수록, 관우와 장비의 서운함은 커져만 갔습니다. 유비는 그런 동생들에게 "내가 제갈공명을 얻은 것은 마치 물고기가 물을 얻은 것과 같다. 나와 제갈공명은 물고기와 물 같은 사이란다."라고 말했습니다. 이후, 관우와 장비는 유비의 마음을 이해하게 되었답니다.

'수어지교'란 물과 물고기의 사이처럼 아주 긴밀한 사이를 뜻하는 말로, 임금과 신하 혹은 부부, 친구 등의 친밀한 사이를 일컫는 말이랍니다.

23회

머리 풀어 주는 퍼즐

창의사고력 기초 다지기 판단 능력 쑥~

숫자를 순서대로 이으면 무슨 모양이 될까요?

1 2 3 4
5
22 23 24 6 7 8

21 20 19 16 15 14 11 10 9
18 17 13 12

❶ 자동차　　　　❷ 연필

❸ 컵　　　　❹ 사과

번

도전시간   걸린시간

9 분	00 초

분	초

1 가로세로 낱말 찾기

다음 네모에서 알고 있는 낱말을 찾아 동그라미를 해 보세요.

여기서 찾은 낱말로 2~6번 문제를 풀어요!

연	립	주	택	배	꼽
자	그	마	치	솟	다
매	지	분	약	수	슬
달	없	지	중	해	기
다	이	기	심	청	전

내가 찾은 낱말 ⬭ 개

2 낱말 뜻 알기

다음 설명이나 그림이 뜻하는 낱말이 무엇인지 빈칸을 채워 보세요.

문제 개수 6 개

맞은 개수 ⬭ 개

틀린 개수 ⬭ 개

㉮ 예상보다 훨씬 많이. 또는 적지 않게 ············· [ ] [ ] [ ] [치]

㉯ 이루 다 말할 수 없이 ························· [ ] [ ] [없] [ ]

㉰ 줄이나 끈, 실 따위로 잡아매어서 달려 있게 하다. ····· [ ] [ ] [ ]

㉱
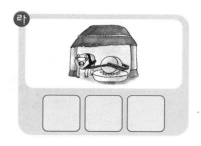
[ ] [ ] [ ]

㉲
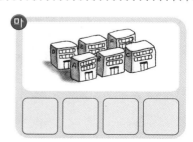
[ ] [ ] [ ]

㉳

[ ] [ ] [ ]

비슷한 말
반대말 알기

다음에서 비슷한 뜻끼리 짝지어진 것에는 '='로, 반대의 뜻끼리 짝지어진 것에는 '↔'로 나타내거나, 부호에 알맞게 낱말을 채워 보세요.

문제 개수 4 개

맞은
개수 ⬜ 개

틀린
개수 ⬜ 개

한없이	=	(㉮)
이기심	(㉯)	이타심

중심	(㉰)	중앙
연자매	(㉱)	연자방아

큰 말
작은 말 알기

낱말의 포함 관계에 따라 '<' 또는 '>'로 나타내고, 그림의 위치에 알맞게 낱말을 넣어 보세요.

문제 개수 6 개

맞은
개수 ⬜ 개

틀린
개수 ⬜ 개

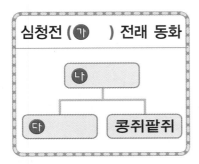

심청전 (㉮) 전래 동화

㉯

㉰   콩쥐팥쥐

연자매 (㉱) 방아

㉲

물레방아   ㉳

전래 동화는 예로부터 전해져 오는 이야기를 동화로 정리한 거야.

짝을 이루는
말 찾기

짝을 이루는 말을 찾아 동그라미 하고, 그 말의 뜻을 보기 에서 찾아 번호를 쓰세요.

문제 개수 4 개

맞은
개수 ⬜ 개

틀린
개수 ⬜ 개

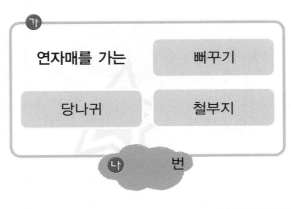

㉮

연자매를 가는   뻐꾸기

당나귀   철부지

㉯   번

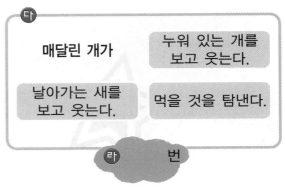

㉰

매달린 개가   누워 있는 개를 보고 웃는다.

날아가는 새를 보고 웃는다.   먹을 것을 탐낸다.

㉱   번

보기

① (비유적으로) 일에 몰려 눈코 뜰 새 없이 바쁘다.

② 남보다 못한 형편에 있으면서 오히려 남을 비웃는다.

103

6 낱말 활용하기

다음 ㉮~㉭ 의 ( )에 알맞은 낱말을 보기 에서 찾아 번호를 쓰고, ㉤ 의 질문에 답해 보세요.

문제 개수 **5** 개

맞은 개수 ◯ 개

틀린 개수 ◯ 개

㉮ 지금까지 빌려 간 돈이 ( ) 오백만 원이나 된다.

㉯ 바람이 불자 처마 끝에 ( ) 풍경에서 고운 소리가 들려왔다.

㉰ 부모님은 자식들을 ( ) 사랑하신다.

㉱ 당신의 ( )이 주위를 힘들게 합니다.

㉲ '다슬기'를 넣어 짧은 글을 지어 보세요.

→ _____

보기 ① 자그마치 ② 그지없이 ③ 매달린 ④ 연립주택 ⑤ 이기심 ⑥ 다슬기

총 문제 개수 ⟨ 25 ⟩ 개 │ 총 맞은 개수 ◯ 개 │ 총 틀린 개수 ◯ 개

공부 의욕 다지는 (꿀)

꾸준히 하는 공부의 효과

글을 읽고 나서 오늘 공부를 신나게 시작하자고!

'낙숫물이 댓돌을 뚫는다.'는 속담을 아시나요?

처마 끝에서 똑똑 떨어지는 물이 단단한 댓돌에 구멍을 낸다는 뜻으로, 하잘것없어 보이지만 계속 반복하다 보면 큰일을 이루어 낸다는 의미랍니다.

공부도 마찬가지예요. 매일매일 꾸준히 반복하다 보면, 어느새 실력이 쑤욱 자라 있답니다. 예를 들어 매일 30분씩이라도 예습과 복습을 했던 친구라면, 시험을 본다고 벼락치기를 할 필요가 없어요. 이미 공부를 다 마친 상태니까요. 게다가 벼락치기로 공부를 하고 나면, 시험이 끝난 후 공부한 내용이 머리에 남지 않아요. 시험을 위한 공부이기 때문에 금세 잊어버리게 된답니다. 여러분도 낙숫물이 떨어지듯 매일 일정한 시간에 잠깐씩 공부를 해 보세요. 어느 틈엔가 그 시간이 되면 책상 앞에 앉아 있는 자신을 발견할 거예요.

머리 풀어 주는 퍼즐

도전 시간	걸린 시간
00 분 15 초	분 초

창의사고력 기초 다지기 · 정보처리능력 쑥~

다음 모양들을 보고 같은 점을 찾아 두 개씩 묶어 보세요.

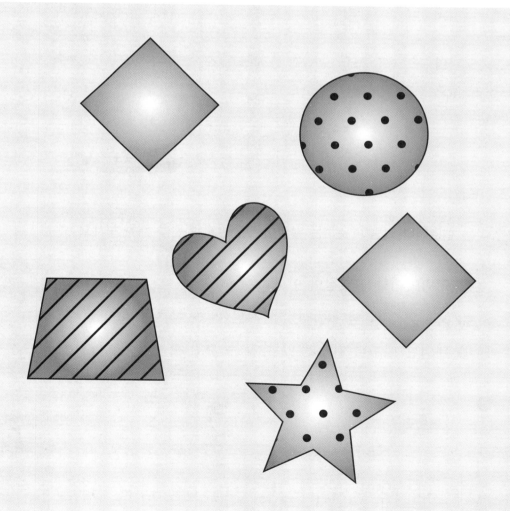

낱말이 쏙 생각이 쑥

1 가로세로 낱말 찾기

다음 네모에서 알고 있는 낱말을 찾아 동그라미를 해 보세요.

여기서 찾은 낱말로 2~6번 문제를 풀어요!

조	리	사	모	관	대
무	도	회	초	리	조
래	화	풀	이	색	적
기	선	천	적	어	도
능	구	렁	이	롭	다

내가 찾은 낱말 ☁ 개

2 낱말 뜻 알기

다음 설명이나 그림이 뜻하는 낱말이 무엇인지 빈칸을 채워 보세요.

문제 개수 6 개

맞은 개수 개

틀린 개수 개

㉮ 어린아이들을 낮잡아 이르는 말 ·············· 조 ☐ ☐ ☐

㉯ 보통의 것과 색다른 성질을 지닌. 또는 그런 것 ··········· ☐ ☐ 적

㉰ 태어날 때부터 지니고 있는. 또는 그런 것 ············· ☐ ☐ 적

㉱
☐ ☐ ☐

㉲
☐ ☐ ☐

㉳
능 ☐ ☐ ☐

106

 **3 비슷한 말 반대말 알기**

문제 개수 4 개

맞은 개수 ⬜ 개

틀린 개수 ⬜ 개

다음에서 비슷한 뜻끼리 짝지어진 것에는 '='로, 반대의 뜻끼리 짝지어진 것에는 '↔'로 나타내거나, 부호에 알맞게 낱말을 채워 보세요.

요리사	=	(가)
화풀이	(나)	분풀이

선천적	(다)	후천적
이롭다	(라)	해롭다

 **4 큰 말 작은 말 알기**

문제 개수 6 개

맞은 개수 ⬜ 개

틀린 개수 ⬜ 개

낱말의 포함 관계에 따라 '<', 또는 ' >'로 나타내고, 그림의 위치에 알맞게 낱말을 넣어 보세요.

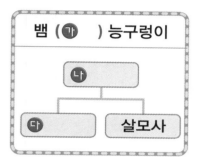

뱀 (가) 능구렁이

나

다   살모사

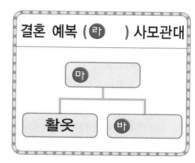

결혼 예복 (라) 사모관대

마

활옷   바

전통 혼례에서 신부는 활옷에 족두리, 신랑은 사모관대를 입어.

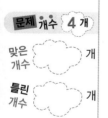 **짝을 이루는 말 찾기**

문제 개수 4 개

맞은 개수 ⬜ 개

틀린 개수 ⬜ 개

짝을 이루는 말을 찾아 동그라미 하고, 그 말의 뜻을 보기 에서 찾아 번호를 쓰세요.

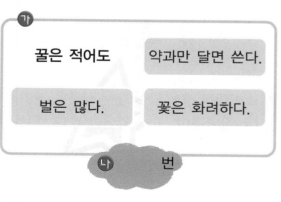

가

꿀은 적어도   약과만 달면 쓴다.

벌은 많다.   꽃은 화려하다.

나   번

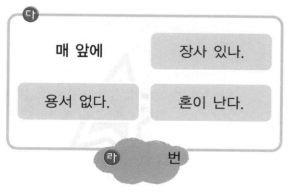

다

매 앞에   장사 있나.

용서 없다.   혼이 난다.

라   번

보기

① 매로 때리는 데에는 견딜 사람이 없다.

② (비유적으로) 힘이나 재료가 적게 들어가도 결과만 좋으면 된다.

6 낱말 활용하기

다음 ㉮~㉣ 의 ( )에 알맞은 낱말을 보기 에서 찾아 번호를 쓰고, ㉤ 의 질문에 답해 보세요.

문제 개수 **5** 개

맞은 개수 ( ) 개

틀린 개수 ( ) 개

㉮ 아이들이 말을 듣지 않자 훈장님은 ( )를 꺼내들었다.

㉯ 행사를 준비하려면 ( ) 다섯 명 이상의 사람이 필요하다.

㉰ 친구는 ( )으로 심장병을 가지고 태어났다고 한다.

㉱ 엄마에게 꾸지람을 들은 오빠가 나에게 ( )를 했다.

㉲ '매 앞에 장사 있나.'를 넣어 짧은 글을 지어 보세요.

→ _____

보기 ① 조무래기   ② 이색적   ③ 선천적   ④ 회초리   ⑤ 화풀이   ⑥ 적어도

총 문제 개수 **25** 개 | 총 맞은 개수 ( ) 개 | 총 틀린 개수 ( ) 개

상식 쑥쑥 키우는 72 '황금선반'을 찾아라

'황금선반'이란 소비자들이 가장 많이 찾고 이익을 가장 많이 내는 상품을 진열해 놓는 선반을 말합니다. 황금선반은 눈에 잘 띄고 물건을 집기 편한 곳에 있어야 하기 때문에, 소비자의 키와 상품의 종류에 따라 그 위치가 달라집니다. 어른들이 많이 찾는 상품의 경우에는 어른의 키에 맞추고, 아이들이 많이 찾는 상품의 경우에는 아이들의 눈높이에 맞추지요.

황금선반에 진열되는 상품과는 달리, 가장 인기가 없고 이익을 적게 가져다주는 상품은 어디에 놓일까요? 무릎 높이의 선반에 진열된답니다. 무릎 높이의 선반은 눈에 잘 띄지도 않고 허리를 숙여야 하기 때문에 인기가 없는 위치랍니다.

25회

머리 풀어 주는 퍼즐

도전 시간	걸린 시간
00 분 15 초	분 초

창의사고력 기초 다지기 계산능력 쑥~

주머니 속 숫자들을 더해 보세요. 그 값이 가장 큰 주머니는 무엇일까요?

❶
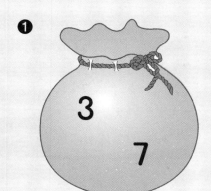
3
7

❷

2 3
4

❸
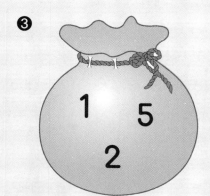
1 5
2

❹
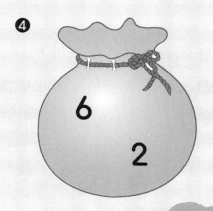
6
2

번

낱말이 쏙 생각이 쑥

도전시간 8 분 50 초   걸린시간   분   초

다음 네모에서 알고 있는 낱말을 찾아 동그라미를 해 보세요.

여기서 찾은 낱말로 2~6번 문제를 풀어요!

요	모	조	모	조	품
술	책	바	범	림	우
쟁	탈	위	생	채	기
이	삿	짐	스	럽	다
식	습	관	심	거	리

내가 찾은 낱말 ⬜ 개

다음 설명이나 그림이 뜻하는 낱말이 무엇인지 빈칸을 채워 보세요.

문제 개수 **6** 개

맞은 개수 ⬜ 개

틀린 개수 ⬜ 개

㉮ 사물의 요런 면 조런 면 • • • • • • • • • • • • • • • ⬜ | 모 | ⬜ | 모 |

㉯ 어떤 일을 꾸미는 꾀나 방법 • • • • • • • • • • • • • • • ⬜ | ⬜ |

㉰ 짐을 간수하는 것처럼 귀찮고 부담이 되는 데가 있다. ⬜ | ⬜ | 럽 |

㉱
⬜ | ⬜ | 쟁 | 이 |

㉲
⬜ | ⬜ |

㉳
⬜ | ⬜ | 짐 |

다음에서 비슷한 뜻끼리 짝지어진 것에는 '='로, 반대의 뜻끼리 짝지어진 것에는 '↔'로 나타내거나, 부호에 알맞게 낱말을 채워 보세요.

술수	＝	(㉮)
모조품	(㉯)	진품

모범생	(㉰)	문제아
관심거리	(㉱)	관심사

낱말의 포함 관계에 따라 '<' 또는 '>'로 나타내고, 그림의 위치에 알맞게 낱말을 넣어 보세요.

식습관 (㉮) 편식

㉯

㉰ | 폭식

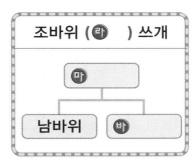

조바위 (㉱) 쓰개

㉲

남바위 | ㉳

쓰개는 머리에 쓰는 물건을 통틀어 이르는 말이야.

짝을 이루는 말을 찾아 동그라미 하고, 그 말의 뜻을 보기 에서 찾아 번호를 쓰세요.

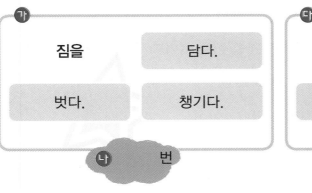

㉮

짐을 | 담다.

벗다. | 챙기다.

㉯ 번

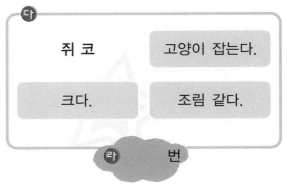

㉰

쥐 코 | 고양이 잡는다.

크다. | 조림 같다.

㉱ 번

보기
① 고통, 슬픔, 걱정, 책임 따위에서 벗어나다.
② (비유적으로) 사물이 아주 보잘것없다.

다음 ㉮~㉴의 ( )에 알맞은 낱말을 보기에서 찾아 번호를 쓰고, ㉱의 질문에 답해 보세요.

문제 개수 5 개

맞은 개수 ⃝ 개

틀린 개수 ⃝ 개

㉮ 신데렐라가 가져온 호박을 (   )가 마차로 바꾸었다.

㉯ 같은 반 친구에게 (   ) 일을 떠맡기고 와서 미안했다.

㉰ 눈을 뜬 심봉사는 중전의 얼굴을 (   ) 살펴보고는 심청이란 것을 알았다.

㉱ 궁지에 몰린 적군은 (   )을 꾸려 우리 장군을 해치려 했다.

㉲ '짐을 벗다.'를 넣어 짧은 글을 지어 보세요.

➜ _____

보기   ① 요모조모   ② 술책   ③ 짐스러운   ④ 요술쟁이   ⑤ 모범생   ⑥ 모조품

총 문제 개수 ⃝25⃝ 개   총 맞은 개수 ⃝ 개   총 틀린 개수 ⃝ 개

마음에 힘이 되는 (가르침)

사랑쿠폰으로 고마움을 전해요

혜선이는 집에 오자마자, 가방에서 무언가를 꺼내 엄마에게 내밀며 말했어요.

"엄마! 사랑 쿠폰!"

"사랑 쿠폰?"

엄마가 어리둥절한 표정으로 혜선이를 쳐다보았어요.

"어버이날 선물이에요. 필요할 때 언제든 한 장씩 뜯어서 사용하세요."

엄마는 '사랑 쿠폰'을 열어보고는 한참 웃었어요. 그 안에는 '안마 10분 해 드리기, 혜민이랑 한 시간 놀아 주기, 엄마, 아빠 운동화 빨기, 설거지하기' 등 여러 가지 심부름이 적혀 있었거든요. 엄마는 혜선이를 꼭 껴안으며, "고맙다."라고 말했어요.

혜선이는 엄마에게 고마운 마음을 '사랑 쿠폰'으로 전했고, 엄마는 "고맙다."고 말했어요. 이처럼 고마움은 굳이 큰 선물이 아니어도 전달할 수 있어요. 조그마한 선물이나 간단한 말 한마디가 더 큰 감동을 전할 수 있답니다.

머리 풀어 주는 퍼즐

도전 시간	걸린 시간
00 분 15 초	분 초

창의사고력 기초 다지기 주의집중력 쑥~

하늘 위에 풍선이 날고 있어요. 다음 중 그림이 다른 풍선은 어느 것일까요?

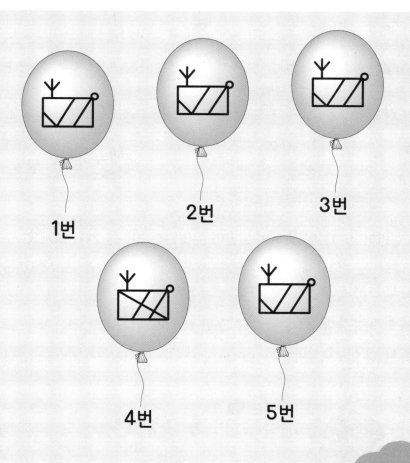

1번

2번

3번

4번

5번

번

도전시간		걸린시간	
8 분	50 초	분	초

1 가로세로 낱말 찾기

다음 네모에서 알고 있는 낱말을 찾아 동그라미를 해 보세요.

여기서 찾은 낱말로 2~6번 문제를 풀어요!

만	장	일	치	장	갑
사	방	팔	방	맛	옷
형	형	색	색	비	핀
통	태	평	양	다	리
곡	마	단	칸	방	주

내가 찾은 낱말 ⬜ 개

2 낱말 뜻 알기

다음 설명이나 그림이 뜻하는 낱말이 무엇인지 빈칸을 채워 보세요.

문제 개수 6 개

맞은 개수 ⬜ 개

틀린 개수 ⬜ 개

㉮ 모든 것이 뜻대로 잘됨. ········· 만 ⬜ ⬜

㉯ 여기저기 모든 방향이나 방면 ········· ⬜ 방 ⬜

㉰ 한 칸으로 된 방 ········· ⬜ ⬜

⬜ ⬜

⬜ ⬜ ⬜

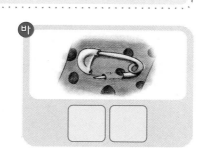
⬜ ⬜ ⬜

다음에서 비슷한 뜻끼리 짝지어진 것에는 '='로, 반대의 뜻끼리 짝지어진 것에는 '↔'로 나타내거나, 부호에 알맞게 낱말을 채워 보세요.

문제 개수 **4** 개

맞은 개수 ◯ 개

틀린 개수 ◯ 개

사면팔방	=	(가)
치장	(나)	장식

장방형	(다)	직사각형
통곡	(라)	대성통곡

낱말의 포함 관계에 따라 '<' 또는 '>'로 나타내고, 그림의 위치에 알맞게 낱말을 넣어 보세요.

문제 개수 **6** 개

맞은 개수 ◯ 개

틀린 개수 ◯ 개

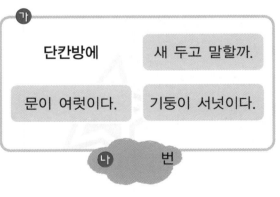

대양 (가) 태평양

나

다 · 대서양

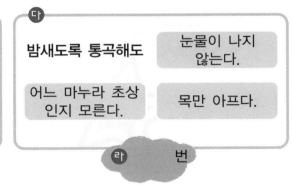

방주 (라) 배

마

거북선 · 바

방주는 네모진 모양의 배를 말해.

짝을 이루는 말을 찾아 동그라미 하고, 그 말의 뜻을 보기 에서 찾아 번호를 쓰세요.

문제 개수 **4** 개

맞은 개수 ◯ 개

틀린 개수 ◯ 개

가

단칸방에 새 두고 말할까.

문이 여럿이다. 기둥이 서넛이다.

나 번

다

밤새도록 통곡해도 눈물이 나지 않는다.

어느 마누라 초상 인지 모른다. 목만 아프다.

라 번

보기

① (비꼬는 말로) 애써 일을 하면서도 그 일의 내용을 모르고 맹목적 으로 행동하다.
② 한 집안 식구처럼 가깝게 지내는 사이에 비밀이 있기 힘들다.

115

6 낱말 활용하기

다음 ㉠~㉣의 ( )에 알맞은 낱말을 보기 에서 찾아 번호를 쓰고, ㉤의 질문에 답해 보세요.

문제 개수 **5** 개

맞은 개수 ⬭ 개

틀린 개수 ⬭ 개

㉠ 봄이 되니 화단의 꽃들이 ( ) 피었다.

㉡ 흥부네 좁은 ( )에는 아이들이 올망졸망 가득했다.

㉢ 사라진 사람들의 소식을 알기 위해 가족들은 ( )으로 뛰어다녔다.

㉣ 마을에 ( )이 들어왔다는 소식에 아이들이 가장 신나 했다.

㉤ '만사형통'은 어떤 경우에 쓰는 말인지 써 보세요.

→ _____

보기 ① 만사형통 ② 사방팔방 ③ 단칸방 ④ 옷핀 ⑤ 곡마단 ⑥ 형형색색

총 문제 개수 (25) 개 ┊ 총 맞은 개수 ( ) 개 ┊ 총 틀린 개수 ( ) 개

상식 쑥쑥 키우는

'푸드뱅크'를 아시나요?

글을 읽고 나서 오늘 공부를 신나게 시작하자!

푸드 뱅크는 1967년 존 밴 헨켈이란 사람이 미국에서 처음 시작했어요. 그는 먹을 수 있는 음식들이 쓰레기통에 버려지는 것을 보고 마음이 아팠답니다. 버리면 쓰레기이지만, 배고픈 사람들에게는 소중한 음식이었거든요. 그래서 그는 남는 음식을 기부하자는 운동을 벌이게 되었고, 곧 세계 각국으로 전해져서 '푸드 뱅크'로 발전하게 되었답니다.

우리나라도 1997년부터 이 운동을 시작했어요. 그러나 다른 나라와는 달리 기부의 의미보다는 음식물 쓰레기를 줄이자는 이유가 더 컸답니다. 비록 환경적인 이유에서 시작한 푸드 뱅크지만, 결식아동과 독거노인은 배고픔을 덜 수 있고, 기업은 기부라는 좋은 이미지를 얻을 수 있는 1석 3조의 좋은 운동이랍니다.

도전 시간	걸린 시간
00 분 15 초	분 초

창의사고력 기초 다지기 연상추리력 쑥~

짝수가 있는 칸에 색칠해 보세요. 색칠된 칸에서 어떤 숫자가 나타날까요?

17	4	8	10	5
11	2	7	19	3
15	12	6	16	9
9	5	13	14	1
1	18	4	2	7

낱말이 쏙 생각이 쑥

1 가로세로 낱말 찾기

다음 네모에서 알고 있는 낱말을 찾아 동그라미를 해 보세요.

여기서 찾은 낱말로 2~6번 문제를 풀어요!

장	막	상	막	하	트
판	판	하	다	여	로
지	명	도	래	간	피
성	인	병	약	하	다
인	★	역	부	족	★

내가 찾은 낱말   개

2 낱말 뜻 알기

다음 설명이나 그림이 뜻하는 낱말이 무엇인지 빈칸을 채워 보세요.

문제 개수 **6** 개

맞은 개수   개

틀린 개수   개

㉮ 더 낮고 더 못함의 차이가 거의 없음. ·········· | 막 | | |

㉯ 물건의 표면이 높낮이가 없이 평평하고 너르다. ······ | | | 하 | 다 |

㉰ 병으로 인하여 몸이 쇠약하다. ··············· | | | 하 | 다 |

㉱
| | | |

㉲
| | | |

㉳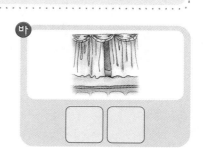
| | | |

비슷한 말 반대말 알기

다음에서 비슷한 뜻끼리 짝지어진 것에는 '='로, 반대의 뜻끼리 짝지어진 것에는 '↔'로 나타내거나, 부호에 알맞게 낱말을 채워 보세요.

문제 개수 4 개

맞은 개수 ◯ 개

틀린 개수 ◯ 개

하여튼	=	(가)
판판하다	(나)	평평하다

피다	(다)	지다
병약하다	(라)	병쇠하다

큰 말 작은 말 알기

낱말의 포함 관계에 따라 '<' 또는 '>'로 나타내고, 그림의 위치에 알맞게 낱말을 넣어 보세요.

문제 개수 6 개

맞은 개수 ◯ 개

틀린 개수 ◯ 개

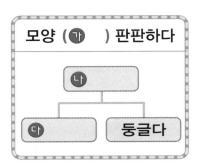

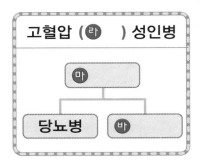

짝을 이루는 말 찾기

짝을 이루는 말을 찾아 동그라미 하고, 그 말의 뜻을 보기 에서 찾아 번호를 쓰세요.

문제 개수 4 개

맞은 개수 ◯ 개

틀린 개수 ◯ 개

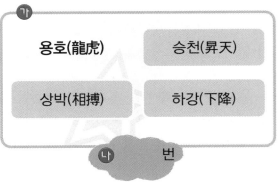

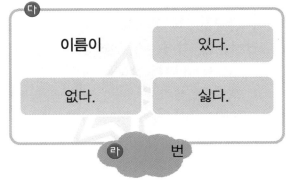

보기

① 세상에 그 이름이 널리 알려져 있다.

② 용과 범이 서로 싸운다는 뜻으로, 강자끼리 서로 싸움을 벌이다.

6 낱말 활용하기

다음 ㉮~㉳의 ( )에 알맞은 낱말을 보기에서 찾아 번호를 쓰고, ㉮의 질문에 답해 보세요.

문제 개수 5 개

맞은 개수 ◯ 개

틀린 개수 ◯ 개

㉮ 춘계 축구 대회에서 우리 학교가 (   )를 차지했다.

㉯ 우승 후보인 한국과 일본의 실력은 (   )입니다.

㉰ 도로를 새로 만들기 위해 불도저로 길을 (   ) 만들고 있다.

㉱ 서울에서 내려온 소녀는 흰 얼굴에 앙상한, (   ) 모습이었다.

㉲ '용호상박(龍虎相搏)'은 어떤 경우에 쓰는 말인지 써 보세요.

→ _____

보기 ① 막상막하   ② 판판하게   ③ 병약한   ④ 트로피   ⑤ 장막   ⑥ 지명도

총 문제 개수 25 개 | 총 맞은 개수 ◯ 개 | 총 틀린 개수 ◯ 개

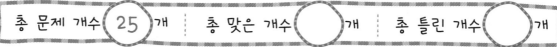

글을 읽고 나서 오늘 공부를 신나게 시작하자고!

마음에 힘이 되는 글

나만의 재주를 찾아보세요

민지는 친구들이 너무 부럽답니다. 혜진이는 노래를, 승미는 컴퓨터를, 상희는 글쓰기를 잘하는데, 자신은 뭘 잘하는지 도통 알 수가 없거든요.

"엄마! 왜 나는 잘하는 게 없지? 바보 같아."

"누구나 재주 하나씩은 타고 태어난단다. 아직 발견을 못했을 뿐이야."

엄마는 자기에게 있는 여러 가지 재주 중에서, 정말로 좋아하는 것 하나를 선택해서 열심히 노력하면 된다고 말했어요. 그 재주를 언제 찾느냐가 중요한 것이 아니라 정말 좋아하는 것을 찾았는지가 더 중요하다고 말했지요. 민지는 환하게 웃으며, 오늘부터 '나만의 재주'를 찾기로 마음을 먹었답니다.

여러분도 혹시 민지와 같은 고민을 하고 있지는 않나요? 그렇다면 민지처럼 천천히 시작해 보세요. 인생은 마라톤처럼 길어요. 여러분은 이제 겨우 출발선 부근에서 뜀박질을 하고 있는 거랍니다. 지금부터 천천히 '나만의 재주'를 찾아보세요.

28회

머리 풀어 주는 퍼즐

공부를 시작할 때도
준비운동이 필요하다고!
하나둘 하나둘

도전 시간	걸린 시간
00 분 10 초	분 초

창의사고력 기초 다지기 판단능력 쑥~

똑같은 음료수를 여섯 개 샀는데, 그중 한 개에 음료수가 들어 있지 않았어요. 세 개씩 나누어 무게를 달아 보았는데, 어느 쪽에 빈 음료수 캔이 있을까요?

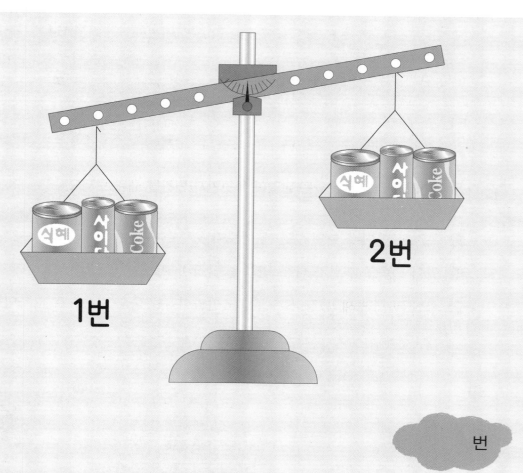

번

낱말이 쏙 생각이 쑥

1 가로세로 낱말 찾기

다음 네모에서 알고 있는 낱말을 찾아 동그라미를 해 보세요.

여기서 찾은 낱말로 2~6번 문제를 풀어요!

따	다	다	르	다	★
오	랑	캐	릭	터	울
기	권	위	주	의	적
관	한	세	유	병	하
사	투	리	소	포	다

내가 찾은 낱말 ⬭ 개

2 낱말 뜻 알기

다음 설명이나 그림이 뜻하는 낱말이 무엇인지 빈칸을 채워 보세요.

문제 개수 6 개

맞은 개수 ⬭ 개
틀린 개수 ⬭ 개

㉮ 목적한 곳이나 어떤 수준에 이르다. ········ 다 ☐ ☐ 다

㉯ 언어·풍습 따위가 다른 민족을 낮잡아 이르는 말 ······· ☐ ☐ ☐

㉰ 소설, 만화 등에 등장하는 독특한 인물이나 동물의 모습으로 디자인한 것

········· ☐ ☐

㉱
☐ ☐ ☐

㉲
☐ ☐ ☐

㉳
☐ ☐ ☐

122

다음에서 비슷한 뜻끼리 짝지어진 것에는 '='로, 반대의 뜻끼리 짝지어진 것에는 '↔'로 나타내거나, 부호에 알맞게 낱말을 채워 보세요.

방언	=	(가)
의병	(나)	의군

기관사	(다)	기관수
위세	(라)	위력

낱말의 포함 관계에 따라 '<' 또는 '>'로 나타내고, 그림의 위치에 알맞게 낱말을 넣어 보세요.

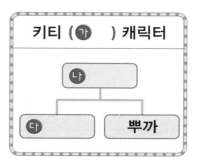

키티 (가) 캐릭터

나

다   뿌까

의적 (라) 홍길동

마

임꺽정   바

못된 관리들의 재물을 훔쳐다가 가난한 사람을 도와주는 의로운 도적이 의적이야.

짝을 이루는 말을 찾아 동그라미 하고, 그 말의 뜻을 보기 에서 찾아 번호를 쓰세요.

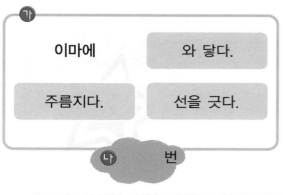

가

이마에   와 닿다.

주름지다.   선을 긋다.

나   번

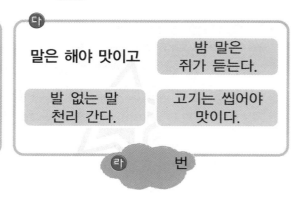

다

말은 해야 맛이고   밤 말은 쥐가 듣는다.

발 없는 말 천리 간다.   고기는 씹어야 맛이다.

라   번

보기
① 어떤 시기가 매우 가까이 와 있다.
② 마땅히 할 말은 해야 한다.

6 낱말 활용하기

다음 ㉮~㉱ 의 ( )에 알맞은 낱말을 보기 에서 찾아 번호를 쓰고, ㉲ 의 질문에 답해 보세요.

㉮ 디즈니 사는 영화 외에 미키 마우스 같은 (   ) 산업에서도 많은 돈을 벌고 있다.

㉯ 북방의 (   )가 자주 국경을 넘어 백성들을 괴롭히고 있습니다.

㉰ 아버지는 차에 기름이 떨어졌다며 가까운 (   )로 향하셨다.

㉱ 힘으로 모든 것을 해결하려는 (   )는 우리가 청산해야 할 문제입니다.

㉲ '이마에 와 닿다.'는 어떤 경우에 쓰는 말인지 써 보세요.

→ _____

보기 ① 오랑캐 ② 캐릭터 ③ 다다르다 ④ 기관사 ⑤ 주유소 ⑥ 권위주의

총 문제 개수 25 개 │ 총 맞은 개수 ◯ 개 │ 총 틀린 개수 ◯ 개

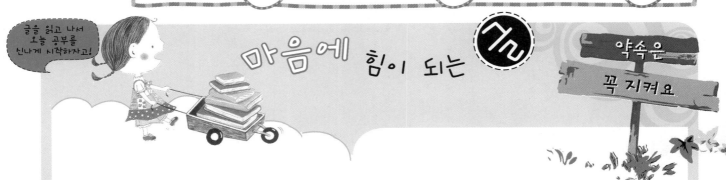

마음에 힘이 되는 글

약속은 꼭 지켜요

인성이는 잔뜩 골이 났어요. 친구들이 놀렸거든요. 하굣길에 인성이와 친구들은 가방 들어 주기 놀이를 했어요. 가위바위보를 해서 진 사람이 가방을 들기로 했거든요. 맨 처음엔 경호가 학교 앞 횡단보도까지 가방을 들었어요. 그다음엔 혜성이가 골목 앞 문방구까지 들었고요. 마지막으로 가위바위보를 했는데, 그만 인성이가 걸렸지 뭐예요. 인성이는 혜성이가 주먹을 늦게 냈다며, 가방을 들 수 없다고 했지요. 그러자 친구들이 "약속도 지키지 않는다."라며 거짓말쟁이라고 놀렸답니다.

약속이란, 놀이를 할 때 미리 정한 법칙대로 벌칙을 받는 것이에요. 인성이처럼 가위바위보에 지고도 벌칙을 받지 않으면, 약속을 지키지 않은 거랍니다. 약속 중에서 가장 어려운 것은 자기가 스스로에게 말한 것을 그대로 지키는 거예요. 자신과의 약속을 지키는 사람은 무슨 일이든지 해낼 수 있답니다.

29회 머리 풀어 주는 퍼즐

도전 시간	걸린 시간
00 분 15 초	분 초

창의사고력 기초 다지기 정보처리능력 쏙~

같은 모양끼리 이어 보세요. 어떤 모양이 서로 가장 멀리 떨어져 있나요?

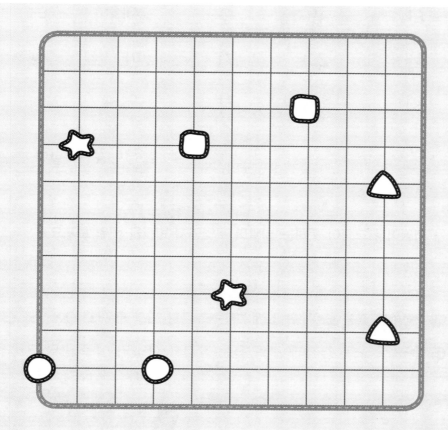

모양

낱말이 쏙 생각이 쑥

1 가로세로 낱말 찾기

다음 네모에서 알고 있는 낱말을 찾아 동그라미를 해 보세요.

여기서 찾은 낱말로 2~6번 문제를 풀어요!

묵	주	동	자	긍	심
념	인	기	척	지	문
사	공	중	제	비	교
행	주	치	마	★	육
시	청	각	도	기	비

내가 찾은 낱말 　　　　개

2 낱말 뜻 알기

다음 설명이나 그림이 뜻하는 낱말이 무엇인지 빈칸을 채워 보세요.

문제 개수 6 개

맞은 개수 　　개

틀린 개수 　　개

가 스스로에게 긍지를 가지는 마음 ·······················
나 사람이 있음을 알 수 있게 하는 소리나 기색 ·············
다 눈으로 보는 감각과 귀로 듣는 감각을 아울러 이르는 말···

라
치 마

마

바

비슷한 말
반대말 알기

다음에서 비슷한 뜻끼리 짝지어진 것에는 '='로, 반대의 뜻끼리 짝지어진 것에는 '↔'로 나타내거나, 부호에 알맞게 낱말을 채워 보세요.

문제 개수 4 개

맞은 개수   개
틀린 개수   개

앞치마	=	(가)
주인공	(나)	중심인물

긍지	(다)	자부심
덤블링	(라)	공중제비

큰 말
작은 말 알기

낱말의 포함 관계에 따라 '<' 또는 '>'로 나타내고, 그림의 위치에 알맞게 낱말을 넣어 보세요.

문제 개수 6 개

맞은 개수   개
틀린 개수   개

교육비 (가) 등록금

나

다   학원비

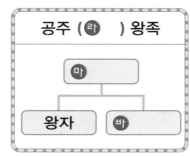

공주 (라) 왕족

마

왕자   바

교육비는 교육을 위해 들이는 모든 경비를 말해.

짝을 이루는
말 찾기

짝을 이루는 말을 찾아 동그라미 하고, 그 말의 뜻을 보기 에서 찾아 번호를 쓰세요.

문제 개수 4 개

맞은 개수   개
틀린 개수   개

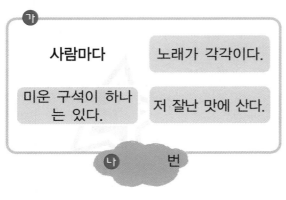

가

사람마다   노래가 각각이다.

미운 구석이 하나
는 있다.   저 잘난 맛에 산다.

나   번

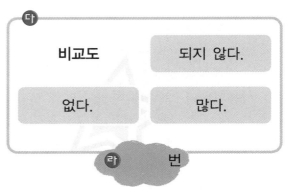

다

비교도   되지 않다.

없다.   많다.

라   번

보기

① 어느 것이 월등하게 뛰어나 다른 것이 견줄 만한 가치도 없다.
② 남이야 어떻게 보든 사람은 다 자기가 잘났다는 긍지와 자존심이
  있다.

127

6 낱말 활용하기

다음 ㉮~㉣ 의 ( )에 알맞은 낱말을 [보기]에서 찾아 번호를 쓰고, ㉤의 질문에 답해 보세요.

문제 개수 5 개

맞은 개수 ⬜ 개

틀린 개수 ⬜ 개

㉮ 현충일을 맞아 나라를 위해 힘쓰다 돌아가신 분들을 위한 (   )이 있었다.

㉯ "문밖에 누가 있나 봐요. 분명 (   )이 들렸어요."

㉰ 성안의 여자들은 (   )에 돌을 담아다 일본군과 맞서 싸웠습니다.

㉱ 누가 이 사건의 (   )인지 꼭 밝혀내고 말겠다.

㉲ '비교도 되지 않다.'를 넣어 짧은 글을 지어 보세요.

➡ _____

[보기] ① 주동자   ② 묵념   ③ 인기척   ④ 자긍심   ⑤ 행주치마   ⑥ 동기

총 문제 개수 (25) 개   총 맞은 개수 (   ) 개   총 틀린 개수 (   ) 개

상식 쑥쑥 키우는 **72** 컴퓨터를 고장 낸 벌레

글을 읽고 나서 오늘 공부를 신나게 시작하자고!

컴퓨터의 프로그램이 갑자기 멎거나 이상한 수행 결과를 나타내면 '컴퓨터 버그'라는 용어를 사용합니다. 그런데 하필이면 왜 벌레를 뜻하는 '버그(bug)'라는 말을 쓰게 되었을까요? 그것은, 실제로 벌레가 컴퓨터 고장을 일으켰기 때문이랍니다.

1944년 컴퓨터 프로그래머였던 그레이스 호퍼는 컴퓨터를 고치고 있었습니다. 고장난 컴퓨터의 부품을 들여다보다가, 고장의 원인이 죽은 벌레란 것을 알고 핀셋으로 벌레를 치우고 있었답니다. 옆에 있던 동료가 무슨 일이냐고 묻자, 호퍼는 "디버그(debug : 벌레를 없애다)."라고 대답했습니다. 이때부터 컴퓨터에 어떤 문제가 발생하면 '버그'라는 말을 사용하게 되었답니다.

그런데 호퍼가 치운 벌레는 어떤 종류였을까요? 바로 모기였습니다. 호퍼가 발견한 모기는 지금 미국의 스미스소니언 박물관에 잘 보관되어 있답니다.

30 회

머리 풀어 주는 퍼즐

도전 시간	걸린 시간
00 분 15 초	분 초

창의사고력 기초 다지기 계산능력 쑥~

시계에서 두 바늘이 가리키는 숫자의 합을 구해 보세요. 보기의 시계와
같은 값을 가진 시계는 무엇인가요?

보기

❶

❷

❸

❹

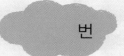
번

1 가로세로 낱말 찾기

다음 네모에서 알고 있는 낱말을 찾아 동그라미를 해 보세요.

사	금	파	리	스	트
이	붙	출	장	뒷	랙
비	이	부	전	자	전
웃	돌	다	하	락	개
음	미	하	다	★	도

여기서 찾은 낱말로 2~6번 문제를 풀어요!

내가 찾은 낱말 ⬤ 개

2 낱말 뜻 알기

다음 설명이나 그림이 뜻하는 낱말이 무엇인지 빈칸을 채워 보세요.

문제 개수 **6** 개

맞은 개수 ⬤ 개

틀린 개수 ⬤ 개

㉮ 겉으로는 비슷하나 속은 완전히 다름. 또는 그런 것 ········ ☐ ☐ ☐

㉯ 아버지의 성격이나 버릇을 아들에게 전해 주다. ······ ☐ 전 ☐ 전

㉰ 사물이나 개념의 속 내용을 새겨서 느끼거나 생각하다. ☐ ☐ 하 다

㉱  ☐ ☐ ☐ ☐

㉲ 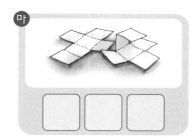 ☐ ☐ ☐

㉳  ☐ ☐ ☐

3 비슷한 말 반대말 알기

다음에서 비슷한 뜻끼리 짝지어진 것에는 '='로, 반대의 뜻끼리 짝지어진 것에는 '↔'로 나타내거나, 부호에 알맞게 낱말을 채워 보세요.

문제 개수 4 개

맞은 개수 __ 개

틀린 개수 __ 개

명단	=	(가)
웃돌다	(나)	밑돌다

하락	(다)	상승
비웃음	(라)	조소

4 큰 말 작은 말 알기

낱말의 포함 관계에 따라 '<' 또는 '>'로 나타내고, 그림의 위치에 알맞게 낱말을 넣어 보세요.

문제 개수 6 개

맞은 개수 __ 개

틀린 개수 __ 개

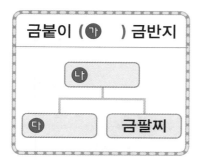

금붙이 (가) 금반지

나

다   금팔찌

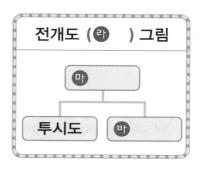

전개도 (라) 그림

마

투시도   바

금붙이는 금으로 만들어진 모든 물건을 말해.

짝을 이루는 말 찾기

짝을 이루는 말을 찾아 동그라미 하고, 그 말의 뜻을 보기 에서 찾아 번호를 쓰세요.

문제 개수 4 개

맞은 개수 __ 개

틀린 개수 __ 개

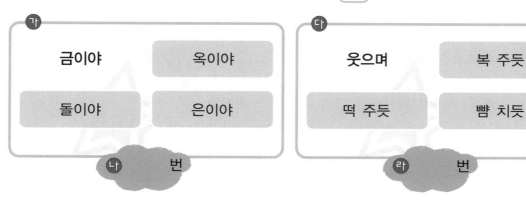

가

금이야   옥이야

돌이야   은이야

나 __ 번

다

웃으며   복 주듯

떡 주듯   뺨 치듯

라 __ 번

보기

① 무엇을 다루는 데 매우 애지중지하여 금이나 옥처럼 귀중히 여기다.

② 겉으로는 좋은 체하면서 실제로는 해롭게 하다.

다음 ㉮ ~ ㉱ 의 ( )에 알맞은 낱말을 [보기]에서 찾아 번호를 쓰고, ㉲ 의 질문에 답해 보세요.

문제 개수 **5** 개

맞은 개수 ◯ 개

틀린 개수 ◯ 개

㉮ 백자가 깨지며 ( )가 이리저리 튀었다.

㉯ 경기장으로 들어온 마라톤 선수들은 ( )을 한 바퀴 돌아 결승선으로 들어왔다.

㉰ 에디슨은 사람들의 ( )에도 아랑곳하지 않고 실험을 멈추지 않았다.

㉱ 모금액은 원래 목표로 잡았던 금액을 ( ).

㉲ '웃으며 뺨 치듯'을 넣어 짧은 글을 지어 보세요.

➜ _____

[보기] ① 사금파리 ② 비웃음 ③ 음미했다 ④ 트랙 ⑤ 웃돌았다 ⑥ 하락

총 문제 개수 ◯25◯ 개   총 맞은 개수 ◯ 개   총 틀린 개수 ◯ 개

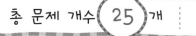

글을 읽고 나서 오늘 공부를 신나게 시작하자고!

옳지 못한 일을 보았을 때

애리네 가족은 계곡으로 나들이를 나왔어요. 커다란 튜브에 바람을 잔뜩 넣고는 시원한 계곡으로 풍덩 뛰어들려는 순간, 물 위에 기름이 둥둥 떠 흘러 내려 왔어요. 계곡 위를 보니, 글쎄 어른들 여럿이서 삼겹살을 구워 먹고 있는 거예요.

"에잇! 아직도 저런 사람들이 있단 말이야! 게다가 설거지까지 하다니."

아빠는 화가 나서 씩씩거리며 계곡 위쪽으로 올라갔어요. 잠시 후, 큰 고함소리가 나더니 사람들이 아빠 주위로 몰려들었어요. 그러고는 모두들 계곡에서 음식을 해 먹어서는 안 된다며 한마디씩 하는 거예요. 삼겹살을 먹고서도 큰소리를 치던 어른들이 슬그머니 도망을 치고 말았답니다.

만약, 계곡을 찾은 사람들이 그냥 눈감아 버렸다면 어떻게 되었을까요? 더러운 계곡물에서 얼굴을 찌푸리며 놀아야 했을 거예요. 옳지 못한 일을 보고서도 그냥 지나치는 것은 용서도 관용도 아니랍니다.

●●● 답안과 다른 해결 방법을 가진 퍼즐 문제도 있습니다. 자유롭고 창의적으로 문제를 해결해 보세요.

●●● 〈❶가로세로 낱말 찾기〉의 답안은 ❷~❻번 문제의 바탕이 되는 낱말들에 표시해 둔 것입니다. 이 낱말들 이외에도 얼마든지 더 찾을 수 있습니다. 아이들이 자유롭게 낱말을 찾고 자신이 찾은 낱말의 개수를 표시하도록 두세요. 답안에 표시된 단어보다 더 많이 찾았을 경우 칭찬해 주시고, 잘 쓰이지 않는 낱말을 찾았을 경우엔 어떤 뜻인지 한 번 물어보고 설명해 주세요. 찾은 개수가 많이 적을 경우 시간을 더 주고 다시 한 번 살펴보도록 해 주세요. 채점은 ❷~❻번 문제만 하면 됩니다.

 |  |

1회 13쪽~16쪽

퍼즐

정답

❶ 가로세로 낱말찾기

선	반	찬	덕	분	풍
기	원	성	냥	불	성
무	렵	함	유	도	하
창	의	력	★	저	다
포	육	아	일	기	★

❷ 낱말 뜻 알기
가 덕분 나 창의력
다 풍성 라 성냥
마 불도저 바 유도

❸ 비슷한 말 반대말 알기
가 ↔ 나 = 다 ↔

❹ 큰 말 작은 말 알기
가 > 나 일기
다 육아 일기

❺ 짝을 이루는 말 찾기
가 보다. 나 ①

❻ 낱말 활용하기
나 ② 다 ① 라 ⑥
마 예 해가 질 무렵이 되면 하늘이 노을로 붉게 물든다.

2회 17쪽~20쪽

퍼즐

정답

❶ 가로세로 낱말찾기

견	학	★	경	기	장
차	공	건	비	광	중
선	공	널	원	고	앙
경	장	목	정	지	선
험	소	곤	란	하	다

❷ 낱말 뜻 알기
가 견학 나 차선
다 곤란 라 건널목
마 경기장 바 중앙

❸ 비슷한 말 반대말 알기
가 곤란하다 나 = 다 = 라 ↔

❹ 큰 말 작은 말 알기
가 > 나 공공장소
다 박물관 라 <
마 경기장 바 축구장

❺ 짝을 이루는 말 찾기
가 건너다. 나 ①
다 지는 것 라 ②

❻ 낱말 활용하기
가 ① 나 ⑤ 다 ⑥ 라 ③
마 예 민이가 내 인형을 빌려 달라고 자꾸 졸라서 곤란하다.

3회 21쪽~24쪽

퍼즐

 ④번

정답

❶ 가로세로 낱말찾기

구	그	래	프	미	★
구	숫	자	점	터	모
단	차	방	수	★	눈
높	이	법	판	정	종
낱	개	조	사	답	이

❷ 낱말 뜻 알기
가 구구단 나 숫자
다 차이 라 모눈
마 그래프 바 낱개

❸ 비슷한 말 반대말 알기
가 모눈종이 나 ↔ 다 = 라 ↔

❹ 큰 말 작은 말 알기
가 < 나 그래프
다 막대그래프 라 <
마 단위 바 미터

❺ 짝을 이루는 말 찾기
가 박 터진다. 나 ①
다 차이 라 ②

❻ 낱말 활용하기
가 ④ 나 ② 다 ⑤ 라 ③
마 예 달리기에서 1초 차이로 금메달과 은메달이 갈릴 때

134

 퍼즐

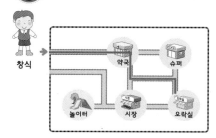

창식

 퍼즐

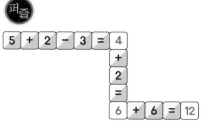

$$5 + 2 - 3 = 4$$
$$+$$
$$2$$
$$=$$
$$6 + 6 = 12$$

 퍼즐

② 번

 정답

① 가로세로 낱말찾기

오	뚝	이	로	돌	림
뉴	재	롱	켓	우	주
월	계	관	합	쭈	먹
외	계	인	격	선	코
터	널	★	은	하	수

② 낱말 뜻 알기
㉮ 오뉴 ㉯ 은하수
㉰ 돌림 ㉱ 우주선
㉲ 월계관 ㉳ 주먹

③ 비슷한 말 반대말 알기
㉮ 은하수 ㉯ ↔ ㉰ ↔
㉱ ↔

④ 큰 말 작은 말 알기
㉮ > ㉯ 외계인
㉰ 화성인 ㉱ > ㉲ 우주
㉳ 지구

⑤ 짝을 이루는 말 찾기
㉮ 불면 차갑다. ㉯ ②
㉰ 개도 안 걸린다. ㉱ ①

⑥ 낱말 활용하기
㉮ ② ㉯ ⑤ ㉰ ⑥ ㉱ ④
㉲ ㉖ 오뉴월 날씨가 일 년 중 가장 좋다.

 정답

① 가로세로 낱말찾기

잡	완	성	무	사	히
초	통	째	괭	냥	단
거	북	선	이	보	순
꽃	밭	라	면	물	하
곤	두	박	질	치	다

② 낱말 뜻 알기
㉮ 통째 ㉯ 무사히
㉰ 단순 ㉱ 라면
㉲ 거북선 ㉳ 사냥

③ 비슷한 말 반대말 알기
㉮ 잡초 ㉯ = ㉰ =
㉱ ↔

④ 큰 말 작은 말 알기
㉮ < ㉯ 즉석식품
㉰ 라면 ㉱ > ㉲ 풀
㉳ 잡초

⑤ 짝을 이루는 말 찾기
㉮ 무사하다. ㉯ ②
㉰ 통째로 삼킨다. ㉱ ①

⑥ 낱말 활용하기
㉮ ① ㉯ ② ㉰ ④ ㉱ ⑥
㉲ ㉖ 내 동생은 울다가도 과자를 주면 활짝 웃을 정도로 단순하다.

 정답

① 가로세로 낱말찾기

근	문	장	반	대	신
처	버	릇	디	꿍	언
말	썽	보	람	중	덕
멈	춤	리	비	탈	길
꽁	무	니	몸	짓	섶

② 낱말 뜻 알기
㉮ 말썽 ㉯ 꽁무니
㉰ 근처 ㉱ 반디 ㉲ 몸짓
㉳ 보리

③ 비슷한 말 반대말 알기
㉮ 근처 ㉯ ↔ ㉰ =
㉱ ↔

④ 큰 말 작은 말 알기
㉮ > ㉯ 곡물 ㉰ 보리
㉱ < ㉲ 길 ㉳ 비탈길

⑤ 짝을 이루는 말 찾기
㉮ 따라다니다. ㉯ ①
㉰ 못해도 한 꾸중 ㉱ ②

⑥ 낱말 활용하기
㉮ ⑤ ㉯ ① ㉰ ② ㉱ ④
㉲ ㉖ 아이가 시장에서 장 보는 엄마를 졸졸 따라다니며 과자를 사달라고 조를 때

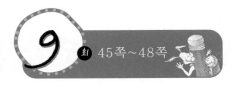

7 회 37쪽~40쪽

8 회 41쪽~44쪽

9 회 45쪽~48쪽

 퍼즐

사랑해요

 퍼즐

2 번

 퍼즐

승철 : 053 – 473 – 9270 – 6개
형은 : 062 – 714 – 3615 – 5개

승철

7회

 정답

① 가로세로 낱말찾기

초	약	돌	공	료	★
기	결	★	항	초	꿈
온	정	역	사	대	주
차	그	저	께	장	리
등	불	까	다	롭	다

② 낱말 뜻 알기
㉮ 차등 ㉯ 그저께
㉰ 까다 ㉱ 등불
㉲ 초대장 ㉳ 공항

③ 비슷한 말 반대말 알기
㉮ 초대장 ㉯ ↔ ㉰ ↔
㉱ =

④ 큰 말 작은 말 알기
㉮ > ㉯ 기온차
㉰ 일교차 ㉱ >
㉲ 지난날 ㉳ 그저께

⑤ 짝을 이루는 말 찾기
㉮ 수마석을 만난다. ㉯ ①
㉰ 등불 쳐다보듯 ㉱ ②

⑥ 낱말 활용하기
㉮ ① ㉯ ③ ㉰ ④ ㉱ ⑥
㉲ ㉐ 그저께 내 준 숙제를 오늘에서야 다 했다.

8회

정답

① 가로세로 낱말찾기

선	녀	오	락	지	양
아	술	래	육	하	로
까	용	★	교	도	원
천	돈	오	아	시	스
사	약	속	★	위	험

② 낱말 뜻 알기
㉮ 오락 ㉯ 교도원
㉰ 지양 ㉱ 선녀
㉲ 오아시스 ㉳ 육교

③ 비슷한 말 반대말 알기
㉮ 약속 ㉯ = ㉰ ↔
㉱ ↔

④ 큰 말 작은 말 알기
㉮ < ㉯ 건널목
㉰ 지하도 ㉱ <
㉲ 사회 시설 ㉳ 양로원

⑤ 짝을 이루는 말 찾기
㉮ 약속하다. ㉯ ②
㉰ 붙이다. ㉱ ①

⑥ 낱말 활용하기
㉮ ① ㉯ ⑤ ㉰ ② ㉱ ⑥
㉲ ㉐ 접영을 배우면서 수영에 재미를 붙이게 되었다.

9회

정답

① 가로세로 낱말찾기

공	중	진	나	계	프
함	박	눈	뭇	곡	로
싸	고	깨	더	꼬	펠
리	드	비	미	맹	러
눈	름	글	라	이	더

② 낱말 뜻 알기
㉮ 공중 ㉯ 진눈깨비
㉰ 계곡 ㉱ 나뭇
㉲ 글라이더 ㉳ 프로펠러

③ 비슷한 말 반대말 알기
㉮ 꼬맹이 ㉯ = ㉰ =
㉱ =

④ 큰 말 작은 말 알기
㉮ > ㉯ 눈 ㉰ 함박눈
㉱ < ㉲ 항공기
㉳ 글라이더

⑤ 짝을 이루는 말 찾기
㉮ 뜨다. ㉯ ②
㉰ 긴다 한다. ㉱ ①

⑥ 낱말 활용하기
㉮ ② ㉯ ③ ㉰ ⑤ ㉱ ①
㉲ ㉐ 함박눈이 어느새 진눈깨비로 바뀌었다.

10 회 49쪽~52쪽

 퍼즐

43세

11 회 53쪽~56쪽

 퍼즐

12 회 57쪽~60쪽

퍼즐

 ②번

10회

 정답

① 가로세로 낱말찾기

응	전	광	질	서	자
원	쟁	복	병	당	랑
태	한	꺼	번	에	거
도	처	리	장	의	리
차	례	차	례	논	★

② 낱말 뜻 알기
㉮ 자랑 ㉯ 도처
㉰ 복병 ㉭ 응원 ㉱ 전쟁
㉲ 서당

③ 비슷한 말 반대말 알기
㉮ 한꺼번에 ㉯ ↔ ㉰ =
㉭ =

④ 큰 말 작은 말 알기
㉮ > ㉯ 전쟁
㉰ 임진왜란 ㉭ <
㉱ 질병 ㉲ 감기

⑤ 짝을 이루는 말 찾기
㉮ 초달에 매여 산다.
㉯ ① ㉰ 불 붙는다. ㉭ ②

⑥ 낱말 활용하기
㉮ ② ㉯ ③ ㉰ ① ㉭ ④,
⑤ ㉱ 예 서로 자기 노래 실력이 더 좋다고 자랑하다가 싸우게 되는 경우

11회

 정답

① 가로세로 낱말찾기

대	문	단	땀	방	울
표	어	게	으	름	너
말	뻥	꾸	러	기	그
다	등	줄	기	★	럽
톱	잔	날	카	롭	다

② 낱말 뜻 알기
㉮ 문단 ㉯ 표어
㉰ 너그 ㉭ 등줄기
㉱ 땀방울 ㉲ 문어

③ 비슷한 말 반대말 알기
㉮ 너그럽다 ㉯ ↔ ㉰ =
㉭ ↔

④ 큰 말 작은 말 알기
㉮ < ㉯ 모양
㉰ 날카롭다 ㉭ > ㉱ 글
㉲ 문단

⑤ 짝을 이루는 말 찾기
㉮ 짐 많이 지기. ㉯ ②
㉰ 제 다리 뜯어먹는 격
㉭ ①

⑥ 낱말 활용하기
㉮ ③ ㉯ ⑤ ㉰ ④ ㉭ ②
㉱ 예 같은 반 친구끼리 서로의 잘못을 선생님께 앞다투어 이르는 경우

12회

 정답

① 가로세로 낱말찾기

협	동	★	전	환	경
정	물	화	용	절	슬
앙	갚	음	도	기	기
확	인	★	로	★	롭
불	품	성	급	하	다

② 낱말 뜻 알기
㉮ 협정 ㉯ 앙갚음
㉰ 슬기 ㉭ 정물화
㉱ 전용 ㉲ 절기

③ 비슷한 말 반대말 알기
㉮ 앙갚음 ㉯ ↔ ㉰ =
㉭ ↔

④ 큰 말 작은 말 알기
㉮ > ㉯ 전용 도로
㉰ 고속 도로 ㉭ >
㉱ 환경 ㉲ 사회

⑤ 짝을 이루는 말 찾기
㉮ 급하다. ㉯ ①
㉰ 같다. ㉭ ②

⑥ 낱말 활용하기
㉮ ② ㉯ ④ ㉰ ③ ㉭ ①
㉱ 예 한시가 급하니 병원까지 구급차를 타고 가자.

137

13 회 61쪽~64쪽

퍼즐

귤은 겉과 속이 모두 주황색이고, 수박
은 속이 빨간색입니다.

④ 번

14 회 65쪽~68쪽

퍼즐

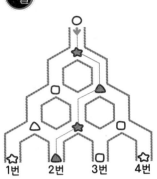

1번 2번 3번 4번

2 번

15 회 69쪽~72쪽

퍼즐

일	월	화	수	목	금	토
	1	2	③ 내 생일	4	5	6
7	8	9	10	11	12	⑬
14	15	16	17	18	19	20
21	22	23	24	25	26	27
28	29	30				

정답 (13회)

1 가로세로 낱말찾기

햇	기	원	식	입	춘
곡	덕	담	혜	경	칩
식	묵	단	★	음	화
보	은	오	양	력	려
새	해	보	름	달	한

2 낱말 뜻 알기
- 가 묵은 나 햇곡식
- 다 덕담 라 식혜 마 경칩
- 바 단오

3 비슷한 말 반대말 알기
- 가 덕담 나 = 다 ↔
- 라 ↔

4 큰 말 작은 말 알기
- 가 > 나 절기 다 경칩
- 라 > 마 말 바 덕담

5 짝을 이루는 말 찾기
- 가 고양이 속 나 ②
- 다 대동강 물이 풀린다.
- 라 ①

6 낱말 활용하기
- 가 ① 나 ③ 다 ② 라 ⑤
- 마 예 엄마 몰래 지갑에서 돈을 꺼내 쓴 뒤에 들킬까 봐 무서워할 때

정답 (14회)

1 가로세로 낱말찾기

행	동	관	심	마	니
실	★	경	작	비	차
천	상	투	연	말	분
보	온	병	초	★	하
다	짐	침	착	하	다

2 낱말 뜻 알기
- 가 실천 나 경작
- 다 분하 라 보온병
- 마 심마니 바 상투

3 비슷한 말 반대말 알기
- 가 행동 나 = 다 ↔
- 라 ↔

4 큰 말 작은 말 알기
- 가 > 나 사람 다 심마니
- 라 < 마 연중 바 연말

5 짝을 이루는 말 찾기
- 가 올라앉다. 나 ②
- 다 포도청 문고리를 뺀다.
- 라 ①

6 낱말 활용하기
- 가 ③ 나 ⑤ 다 ① 라 ④
- 마 예 학생이 선생님 말씀을 무시하고 함부로 행동할 때

정답 (15회)

1 가로세로 낱말찾기

모	래	밭	둑	작	살
부	쩍	심	술	달	붙
몸	집	가	랑	비	이
무	턱	대	고	난	는
게	미	닫	이	민	개

2 낱말 뜻 알기
- 가 밭둑 나 살붙이
- 다 는개 라 모래밭
- 마 미닫이 바 작살

3 비슷한 말 반대말 알기
- 가 몸무게 나 = 다 =
- 라 ↔

4 큰 말 작은 말 알기
- 가 > 나 살붙이 다 자식
- 라 < 마 비 바 는개

5 짝을 이루는 말 찾기
- 가 눈이 오나 나 ①
- 다 나다. 라 ②

6 낱말 활용하기
- 가 ⑤ 나 ① 다 ④ 라 ②
- 마 예 이모는 임신을 한 뒤 몸이 났다.

138

16회

 퍼즐

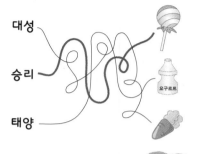

대성
승리
태양

 승 리

17회

퍼즐

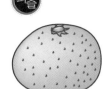

 ③번

18회

퍼즐

 ①번

16회 정답

 정답

① 가로세로 낱말찾기

전	열	람	실	뜨	기
널	온	자	타	억	가
이	갖	료	래	지	로
삭	제	스	스	로	막
울	타	리	고	되	다

② 낱말 뜻 알기
㉮ 온갖 ㉯ 억지로
㉰ 고되 ㉱ 뜨기
㉲ 열람실 ㉳ 이삭

③ 비슷한 말 반대말 알기
㉮ 스스로 ㉯ = ㉰ ↔
㉱ =

④ 큰 말 작은 말 알기
㉮ > ㉯ 행동
㉰ 가로막다 ㉱ <
㉲ 놀이 ㉳ 실뜨기

⑤ 짝을 이루는 말 찾기
㉮ 절 받기. ㉯ ① ㉰ 스스
로 돕는 자를 돕는다. ㉱ ②

⑥ 낱말 활용하기
㉮ ① ㉯ ③ ㉰ ⑤ ㉱ ②
㉲ 예 진오는 억지로 절 받
기로 내 생일잔치에 왔다.

17회 정답

 정답

① 가로세로 낱말찾기

장	례	간	추	리	다
책	꽃	이	신	경	통
주	처	지	붕	범	화
름	마	몽	땅	죄	롯
살	동	계	호	롱	불

② 낱말 뜻 알기
㉮ 신경통 ㉯ 경범죄
㉰ 간추 ㉱ 주름살
㉲ 화롯 ㉳ 처마

③ 비슷한 말 반대말 알기
㉮ 간추리다 ㉯ = ㉰ ↔
㉱ =

④ 큰 말 작은 말 알기
㉮ > ㉯ 통증 ㉰ 신경통
㉱ > ㉲ 예식 ㉳ 장례식

⑤ 짝을 이루는 말 찾기
㉮ 어머니보다 낫다. ㉯ ②
㉰ 소 끌어올리는 격
㉱ ①

⑥ 낱말 활용하기
㉮ ② ㉯ ③ ㉰ ⑤ ㉱ ⑥
㉲ 예 언니는 시험을 보러
갈 때 요점을 간추린 공책만
들고 갔다.

18회 정답

 정답

① 가로세로 낱말찾기

그	을	음	치	이	다
믐	러	모	닥	불	토
낳	대	여	점	포	실
밤	다	소	곳	이	토
으	스	대	다	루	실

② 낱말 뜻 알기
㉮ 그믐 ㉯ 다소, 이
㉰ 을러 ㉱ 그을음
㉲ 대여점 ㉳ 이불

③ 비슷한 말 반대말 알기
㉮ 그믐날 ㉯ = ㉰ =
㉱ ↔

④ 큰 말 작은 말 알기
㉮ < ㉯ 점포 ㉰ 대여점
㉱ > ㉲ 세간 ㉳ 이불

⑤ 짝을 이루는 말 찾기
㉮ 흰떡 맞듯 ㉯ ①
㉰ 뽐내다. ㉱ ②

⑥ 낱말 활용하기
㉮ ③ ㉯ ⑤ ㉰ ⑥ ㉱ ④
㉲ 예 신랑과 신부가 다소
곳이 맞절을 한다.

 퍼즐

주사위 전체에 있는 눈의 수를 모두 더한 뒤, 그림에 보이는 눈을 뺍니다.
1+2+3+4+5+6=21
➡ 21-4-3-1=13

13

 퍼즐

14 분

퍼즐

☆ *4 개*

🔔 *3 개*

정답

1 가로세로 낱말찾기

소	굴	비	상	금	일
일	러	두	기	행	문
거	다	루	생	물	체
리	니	마	충	전	기
★	다	기	특	하	다

2 낱말 뜻 알기
㉮ 소굴 ㉯ 소, 거리
㉰ 일러두 ㉱ 기생충
㉲ 두루마기 ㉳ 굴비

3 비슷한 말 반대말 알기
㉮ 비상금 ㉯ ↔ ㉰ =
㉱ =

4 큰 말 작은 말 알기
㉮ < ㉯ 기생충 ㉰ 회충
㉱ < ㉲ 생물체 ㉳ 식물

5 짝을 이루는 말 찾기
㉮ 밤 주워 담는다. ㉯ ①
㉰ 명일 경상도 ㉱ ②

6 낱말 활용하기
㉮ ③ ㉯ ④ ㉰ ⑤ ㉱ ①
㉲ 예 일자리를 찾아 온 나라를 돌아다니는 나그네를 볼 때

정답

1 가로세로 낱말찾기

얼	기	설	기	본	권
렁	성	명	서	거	선
뚱	복	서	★	지	징
땅	거	미	나	리	악
굴	레	슬	링	거	의

2 낱말 뜻 알기
㉮ 얼, 뚱땅 ㉯ 기성복
㉰ 권선징악 ㉱ 레슬링
㉲ 링거 ㉳ 땅굴

3 비슷한 말 반대말 알기
㉮ 본거지 ㉯ ↔ ㉰ =
㉱ =

4 큰 말 작은 말 알기
㉮ > ㉯ 옷 ㉰ 기성복
㉱ < ㉲ 설명서
㉳ 조립법

5 짝을 이루는 말 찾기
㉮ 맏며느리 삼는다. ㉯ ①
㉰ 송아지 ㉱ ②

6 낱말 활용하기
㉮ ③ ㉯ ⑤ ㉰ ⑥ ㉱ ①
㉲ 예 하루 종일 집에만 있다가 저녁 산책을 나와 기뻐하는 강아지를 볼 때

정답

1 가로세로 낱말찾기

파	롯	파	롯	추	턱
라	켓	인	간	미	걸
솔	기	애	호	가	이
가	관	플	의	연	금
지	지	하	다	시	마

2 낱말 뜻 알기
㉮ 애호가 ㉯ 의연금
㉰ 지지 ㉱ 파라솔
㉲ 파인애플 ㉳ 다시마

3 비슷한 말 반대말 알기
㉮ 의연금 ㉯ = ㉰ =
㉱ =

4 큰 말 작은 말 알기
㉮ > ㉯ 열대 과일
㉰ 파인애플 ㉱ <
㉲ 해조류 ㉳ 다시마

5 짝을 이루는 말 찾기
㉮ 오리 알 ㉯ ①
㉰ 일이 곱지. ㉱ ②

6 낱말 활용하기
㉮ ② ㉯ ③ ㉰ ① ㉱ ⑤
㉲ 예 학년이 바뀌었을 때 친한 친구들과 따로 떨어져 혼자 다른 반이 되는 경우

 퍼즐

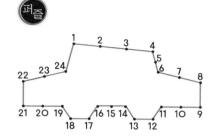

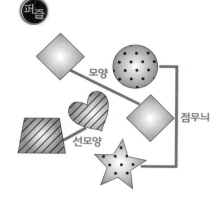

 ③번

 ①번

22

 정답

① 가로세로 낱말찾기

현	수	막	노	동	파
모	자	이	크	서	라
양	계	장	★	고	다
처	신	앙	심	금	이
자	박	자	박	차	스

② 낱말 뜻 알기
가 현, 양 나 동, 고금
다 처신 라 현수막
마 모자이크 바 박차

③ 비슷한 말 반대말 알기
가 파라다이스 나 =
다 ↔ 라 =

④ 큰 말 작은 말 알기
가 < 나 마음 다 신앙심
라 > 마 처자 바 자식

⑤ 짝을 이루는 말 찾기
가 가하다. 나 ①
다 울리다. 라 ②

⑥ 낱말 활용하기
가 ② 나 ⑥ 다 ① 라 ⑤
마 예) 주인공이 죽는 장면에서 나온 슬픈 음악이 심금을 울렸다.

23

 정답

① 가로세로 낱말찾기

연	립	주	택	배	꼽
자	그	마	치	솟	다
매	지	분	약	수	슬
달	없	지	중	해	기
다	이	기	심	청	전

② 낱말 뜻 알기
가 자그마 나 그지, 이
다 매달다 라 연자매
마 연립 주택 바 다슬기

③ 비슷한 말 반대말 알기
가 그지없이 나 ↔ 다 =
라 =

④ 큰 말 작은 말 알기
가 < 나 전래 동화
다 심청전 라 < 마 방아
바 연자매

⑤ 짝을 이루는 말 찾기
가 당나귀 나 ① 다 누워 있는 개를 보고 웃는다.
라 ②

⑥ 낱말 활용하기
가 ① 나 ③ 다 ② 라 ⑤
마 예) 친구들과 함께 강가에 나가 다슬기를 잡았다.

24

 정답

① 가로세로 낱말찾기

조	리	사	모	관	대
무	도	회	초	리	초
래	화	풀	이	색	적
기	선	천	전	어	도
능	구	렁	이	롭	다

② 낱말 뜻 알기
가 무래기 나 이색
다 선천 라 도화선
마 회초리 바 구렁이

③ 비슷한 말 반대말 알기
가 조리사 나 = 다 ↔
라 ↔

④ 큰 말 작은 말 알기
가 > 나 뱀 다 능구렁이
라 > 마 결혼 예복
바 사모관대

⑤ 짝을 이루는 말 찾기
가 약과만 달면 쓴다.
나 ② 다 장사 있나. 라 ①

⑥ 낱말 활용하기
가 ④ 나 ⑥ 다 ③ 라 ⑤
마 예) '매 앞에 장사 있나'는 말처럼 선생님이 매를 들자 떠들던 아이들이 조용해졌다.

25회

3
7

3+7=10

1 번

26회

4번

4 번

27회

17	4	8	10	5
11	2	7	19	3
15	12	6	16	9
9	5	13	14	1
1	18	4	2	7

5

25회 정답

 ① 가로세로 낱말찾기

요	모	조	모	조	품
술	책	바	범	림	우
쟁	탈	위	생	채	기
이	삿	짐	스	럽	다
식	습	관	심	거	리

② 낱말 뜻 알기
㉮ 요, 조 ㉯ 술책
㉰ 짐스 ㉱ 요술
㉲ 조바위 ㉳ 이삿

③ 비슷한 말 반대말 알기
㉮ 술책 ㉯ ↔ ㉰ ↔
㉱ =

④ 큰 말 작은 말 알기
㉮ > ㉯ 식습관 ㉰ 편식
㉱ < ㉲ 쓰개 ㉳ 조바위

⑤ 짝을 이루는 말 찾기
㉮ 벗다. ㉯ ①
㉰ 조림 같다.
㉱ ②

⑥ 낱말 활용하기
㉮ ④ ㉯ ③ ㉰ ① ㉱ ②
㉲ 예 여름 방학 첫날, 짐을 벗은 기분으로 마음껏 뛰어 놀았다.

26회 정답

 ① 가로세로 낱말찾기

만	장	일	치	장	갑
사	방	팔	방	맛	옷
형	형	색	색	비	핀
통	태	평	양	다	리
곡	마	단	칸	방	주

② 낱말 뜻 알기
㉮ 사형통 ㉯ 사, 팔방
㉰ 단칸방 ㉱ 장갑
㉲ 곡마단 ㉳ 옷핀

③ 비슷한 말 반대말 알기
㉮ 사방팔방 ㉯ = ㉰ =
㉱ =

④ 큰 말 작은 말 알기
㉮ > ㉯ 대양 ㉰ 태평양
㉱ < ㉲ 배 ㉳ 방주

⑤ 짝을 이루는 말 찾기
㉮ 새 두고 말할까. ㉯ ②
㉰ 어느 마누라
초상인지 모른다. ㉱ ①

⑥ 낱말 활용하기
㉮ ⑥ ㉯ ③ ㉰ ② ㉱ ⑤
㉲ 예 온 가족이 건강하고, 행복하고, 하는 일마다 모두 잘 되는 경우

27회 정답

 ① 가로세로 낱말찾기

장	막	상	막	하	트
판	판	하	다	여	로
지	명	도	래	간	피
성	인	병	약	하	다
인	★	역	부	족	★

② 낱말 뜻 알기
㉮ 상막하 ㉯ 판판
㉰ 병약 ㉱ 장판지
㉲ 트로피 ㉳ 장막

③ 비슷한 말 반대말 알기
㉮ 하여간 ㉯ = ㉰ ↔
㉱ =

④ 큰 말 작은 말 알기
㉮ > ㉯ 모양
㉰ 판판하다 ㉱ <
㉲ 성인병 ㉳ 고혈압

⑤ 짝을 이루는 말 찾기
㉮ 상박 ㉯ ②
㉰ 있다. ㉱ ①

⑥ 낱말 활용하기
㉮ ④ ㉯ ① ㉰ ② ㉱ ③
㉲ 예 전국 어린이 태권도 대회 결승전에서 겨루는 두 사람을 볼 때

142

28회 121쪽~124쪽

 퍼즐

왼쪽, 오른쪽 똑같이 캔이 세 개씩인데 왼쪽이 더 무거우므로 빈 캔은 오른쪽에 있어야 한다.

2 번

 정답

① 가로세로 낱말찾기

따	다	다	르	다	★
오	랑	캐	릭	터	울
기	권	위	주	의	적
관	한	세	유	병	하
사	투	리	소	포	다

② 낱말 뜻 알기
㉮ 다르 ㉯ 오랑캐
㉰ 캐릭터 ㉱ 따오기
㉲ 기관사 ㉳ 주유소

③ 비슷한 말 반대말 알기
㉮ 사투리 ㉯ = ㉰ =
㉱ =

④ 큰 말 작은 말 알기
㉮ < ㉯ 캐릭터 ㉰ 키티
㉱ > ㉲ 의적 ㉳ 홍길동

⑤ 짝을 이루는 말 찾기
㉮ 와 닿다. ㉯ ① ㉰ 고기는 씹어야 맛있다. ㉱ ②

⑥ 낱말 활용하기
㉮ ② ㉯ ① ㉰ ⑤ ㉱ ⑥
㉲ 예 개학이 하루 앞으로 다가왔을 때

29회 125쪽~128쪽

 퍼즐

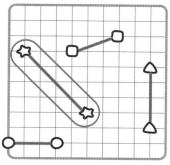

★ 모양

 정답

① 가로세로 낱말찾기

묵	주	동	자	긍	심
념	인	기	척	지	문
사	공	중	제	비	교
행	주	치	마	★	육
시	청	각	도	기	비

② 낱말 뜻 알기
㉮ 자긍심 ㉯ 인기척
㉰ 시청각 ㉱ 행주
㉲ 묵념 ㉳ 사공

③ 비슷한 말 반대말 알기
㉮ 행주치마 ㉯ = ㉰ =
㉱ =

④ 큰 말 작은 말 알기
㉮ > ㉯ 교육비
㉰ 등록금 ㉱ < ㉲ 왕족
㉳ 공주

⑤ 짝을 이루는 말 찾기
㉮ 저 잘난 맛에 산다.
㉯ ② ㉰ 되지 않다.
㉱ ①

⑥ 낱말 활용하기
㉮ ② ㉯ ③ ㉰ ⑤ ㉱ ①
㉲ 예 나도 키가 큰 편이긴 하지만 우리 형은 나와 비교도 되지 않는다.

30회 129쪽~132쪽

퍼즐

2+6=8   3+5=8

② 번

 정답

① 가로세로 낱말찾기

사	금	파	리	스	트
이	붙	출	장	뒷	랙
비	이	부	전	자	전
웃	돌	다	하	락	개
음	미	하	다	★	도

② 낱말 뜻 알기
㉮ 사이비 ㉯ 부, 자
㉰ 음미 ㉱ 사금파리
㉲ 전개도 ㉳ 트랙

③ 비슷한 말 반대말 알기
㉮ 리스트 ㉯ ↔ ㉰ ↔
㉱ =

④ 큰 말 작은 말 알기
㉮ > ㉯ 금붙이
㉰ 금반지 ㉱ < ㉲ 그림
㉳ 전개도

⑤ 짝을 이루는 말 찾기
㉮ 옥이야 ㉯ ①
㉰ 뺨 치듯 ㉱ ②

⑥ 낱말 활용하기
㉮ ① ㉯ ④ ㉰ ② ㉱ ⑤
㉲ 예 웃으며 뺨 친다더니 그 아저씨는 싸구려 물건을 속여 팔았다.

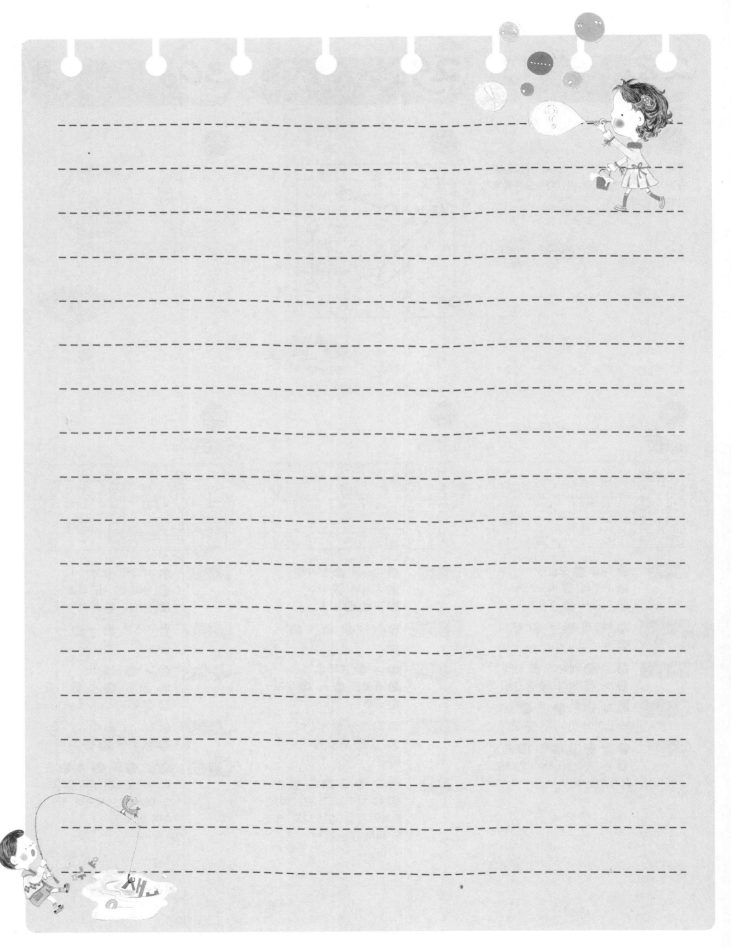